KB028553

모든 언어는 평등하다

지구 상의 모든 언어는
인류 공동체 문명 발전의 발자취입니다.
힘이 센 나라의 언어라 해서 더 좋거나 더 중요한 언어가 아닌 것처럼,
많은 사람들이 쓰지 않는 언어라 해서 덜 좋거나 덜 중요한 언어는 아닙니다.

문화 다양성에 따른 언어 다양성은 인류가 서로 견제하고
긍정적인 자극을 주고받으며 소통, 발전할 수 있는 계기가 됩니다.
그러나 안타깝게도 현재 일부 언어가 '국제어'라는 이름 아래
전 세계 사람들에게 강요되고 있습니다.

언어평등의 꿈은 전 세계 모든 언어를 학습할 수 있는 어학 콘텐츠를
개발하는 것입니다. 어떠한 언어에도 우위를 주지 않고, 다양한 언어의 고유
가치를 지켜나가겠습니다. 누구나 배우고 싶은 언어를 자유롭게 선택해서
배울 수 있도록 더욱 정진하겠습니다.

언어평등은 문예림의 아날로그와 디지털을 아우르는
어학 콘텐츠 브랜드입니다.
56년째 언어 생각뿐.

언어평등 시리즈
첫걸음

ARCTIC OCEAN

NORTH PACIFIC
OCEAN

NORTH ATLANTIC
OCEAN

SOUTH PACIFIC
OCEAN

SOUTH ATLAN
OCEAN

언어평등은 누구나 평등하고 자유롭게 전 세계 모든 언어를
학습 할 수 있도록 여러분과 함께 할 것입니다.

미얀마어는 티베트-버마어파의 하위 언어이며 중국-티베트어족에 속하는
언어 중에서는 중국어파 다음으로 가장 널리 쓰이는 언어이다. 미얀마어는 버마족과
연관된 하위 부족의 모국어이며 몬족 같은 소수 부족도 이 언어를 쓴다. 전 세계
약 4,200만 명이 미얀마어를 쓰고 약 3,200만 명이 모국어로 사용하고 있다.

ARCTIC OCEAN

NORTH PACIFIC
OCEAN

Myanmar (Burma)

INDIAN OCEAN

동영상 강의
시청하기

언어평등 (www.EQlangs.com) 구매하면
해당도서의 강의를 보실 수 있습니다.
저자가 알려주는 언어 이야기도 보실 수 있습니다.

MP3 다운로드 방법

1단계
언어평등 (www.EQlangs.com) 사이트
고객센터 - 자료실 - MP3 들어오기

2단계
제목_____에 찾고자 하는
도서명을 입력 후 검색하세요.

www.EQlangs.com

평등한 언어 세상을 위한

미얀마어 첫걸음

평등한 언어 세상을 위한 시작

미얀마어 첫걸음

초판 2쇄 인쇄 2023년 3월 17일
초판 2쇄 발행 2023년 3월 24일

지은이 장준영
펴낸이 서덕일
펴낸곳 언어평등

출판등록 2018.6.5 (제2018-63호)
주소 경기도 파주시 회동길 366 3층 (10881)
전화 (02)499-1281~2 **팩스** (02)499-1283
전자우편 info@moonyelim.com
홈페이지 www.EQlangs.com

ISBN 979-11-964086-3-3 (13770)
값 15,000원

평등한 언어 세상을 위한 시작

미얀마어 첫걸음

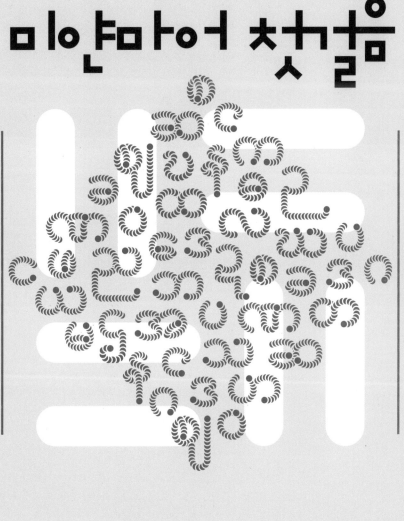

언어평등

5~8세기 남인도 팔라바 왕국에서 사용하던 그란타(Grantha) 문자(팔라바 문자)는 6세기에 동남아로 전파되어 다양한 동남아 문자의 기원이 되었다. 미얀마 문자도 여기서 시작한다. 언어계통 상으로 미얀마어는 중국-티베트어족 하위의 티베트-버마어파의 언어 중 하나이다. 언어 하나만 보더라도 중국과 인도라는 거대한 협곡에 위치한 미얀마의 특성을 단적으로 이해할 수 있다.

미얀마어 사용자는 약 3천 2백만 명으로 추산되고, 미얀마 내 소수종족 중 약 1천만 명도 미얀마어를 두 번째 공용어로 사용한다. 중국-티베트어족의 하위 언어 중에서 중국어파 다음으로 가장 널리 쓰인다. 사실 미얀마어는 영토 국가로서 미얀마와 그 주변에서만 사용하는 언어이다. 미얀마어는 33개의 자음과 자음과 결합하는 기호 형태의 16개 모음으로 구성된다. 모음은 고유 음가를 가진 7개와 자음을 모음화한 9개가 있는데, 초보 학습자들은 모음 학습에서 첫 번째 위기를 겪는다. 이 책에서는 모음을 효율적으로 암기하는 방법을 제시했다.

중국-티베트어족의 하위 언어이므로 미얀마어에는 3개의 성조(성문폐쇄음을 포함하면 4개)가 있으나 태국어, 베트남어처럼 성조의 변화가 급격하지 않다. 각 문자는 무성음과 유성음으로 대립하는 고립어이다. 우리가 한자를 널리 쓰는 것처럼 미얀마에서도 불교 경전을 기록한 빨리어(Pali)가 보편적이고, 빨리어 전용 문자도 있다. 빨리어는 소리만 있고 문자가 없기 때문에 동남아 각국에서 고유 문자로 표기된다.

구어체와 문어체가 구분되어 있지만 조사 등 일부 단어를 제외하고 문어체는 구어체의 여러 단어를 조합하여 사용한다. 예를 들어 버마(Burma)는 구어체, 미얀마(Myanmar)는 문어체이다. 한 때 민주화 운동가들이 그들의 조국은 미얀마가 아니라 버마라고 주장했지만, 버마나 미얀마는 다른 것이 아니다.

한국어와 같이 주어, 목적어, 서술어 형태를 취하는 것을 제외하고, 미얀마어는 일반적인 동남아시아 언어와 비슷한 점이 많다. 시제를 나타내는 품사가 있으나 문장 속에서 시간을 이해할 수 있고, 동사 변화나 명사에 성(姓)이 없다. 동사와 형용사의 구별이 거의 없고, 동사를 반복할 경우 부사가 되기도 한다.

필자의 미얀마어 학습 경험을 반추하면 자음과 기호로 된 모음의 결합, 성조가 가장 극복하기 힘든 장애였던 것 같다. 즉 학습을 시작한 2~3주 정도가 가장 고비이고, 이 시기만 잘 극복하면 단어와 어휘 중심으로 학습하는 데 별다른 문제가 없을 것이다. 이 책은 외국인으로서 미얀마어를 학습한 필자의 경험을 바탕으로 한다.

아울러 이 책은 『꿩 먹고 알 먹는 미얀마어 첫걸음』(2014)의 개정 및 증보판으로서, 지난 책의 잘못된 부분을 바로 잡고, 독자들의 입장에서 독자들이 쉽게 이해할 수 있도록 절반 이상의 예문을 다시 쓰고 전체적인 구조를 다시 다듬었다. 또한 이 책에서는 회화나 단어를 포함한 어휘뿐만 아니라 문법도 소홀히 하지 않았다. 문자와 발음이 일치하지 않는 경우가 대부분인 미얀마어의 특성상 학습 초기에 발음 원칙을 제대로 익히지 않으면 현지인과 동떨어진 발음으로 유창한 미얀마어를 구사할 수 없고, 합성어가 많은 미얀마어 어휘 암기도 어려워진다. 아직까지 시중에 문법과 회화를 중심으로 한 한국인이 쓴 미얀마어 서적이 없다는 사실이 이 책을 집필하게 된 결정적인 동기였다.

이 책은 많은 분들의 관심과 도움 없이 탄생하지 않았다. 먼저 책의 전체를 감수하고, 새롭고 참신한 문장을 제안해 주신 부산외국어대학교 미얀마어과의 우 꼬레(ဦးကိုလေး: U Ko Lay) 교수님께 감사의 말씀을 전한다. 항상 바쁜 일정 속에서도 이 책에 대한 그의 애착은 필자의 게으름을 질타하는 듯했다. 단언컨대, 서야 우 꼬레는 한국에서 가장 친절하며 인간미가 넘치는 미얀마가 배출한 최고의 언어학자이다.

필자의 은사이자 지금은 양공에서 목회활동 중인 최재현 목사님(전 미얀마어과 교수)께 감사의 말씀을 올린다. 목사님께서는 어디에서든지 필자의 공부와 건강에 대해 관심과 걱정을 놓지 않으신다. 노마드처럼 살고 있는 필자에게 목사님은 훌륭한 등대다.

미얀마로 이끌어 주시고 누구보다도 큰 애정으로 필자를 양육해 주신 고(故) 우 먀땡(ဦးမြသိန်း: U Mya Thein) 선생님을 이번 책에서도 회고한다. 선생님은 아버지셨고, 훌륭한 말동무이자 필자의 괴로움을 이해하고 보듬어주신 큰 산이셨다. 필자가 지금보다 더 나은 미얀마 연구자가 된다면, 이는 모두 우 먀땡 교수님의 은덕이다.

본문 녹음을 맡아준 웨느왜흐닝쏘(ဝေနွယ်နှင်းစိုး: Wai Nwe Hhin Soe, 강선우)에게도 감사의 말씀을 전한다. 박사학위 논문심사원이 되어달라는 연락을 한지 4년 정도 됐으니 우리에게 땅요진(သံယောဇဉ်)은 있다고 믿는다. 아직까지 사회적으로 변방에 머물고 있는 미얀마어에 대한 지속적인 관심을 보이고, 이렇게 두 번이나 같은 필자에게 미얀마어 책 집필을 맡겨 준 도서출판 문예림 관계자에게 특별한 감사의 말씀을 전한다.

아울러 이 책의 오타나 오역, 잘못된 문장이 있으면 이는 전적으로 필자의 책임이다. 아무쪼록 이 책이 미얀마어에 관심을 가지는 모든 분께 조그마한 희망이 되었으면 한다.

2019년 겨울을 시작하며, 장준영

이 책의
구성및
학습법

အက္ခရာနှင့် အသံထွက် 알파벳과 준비학습

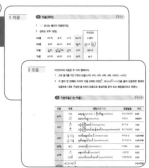

문자는 2차적 기억의 시스템이다

알파벳과 성조를 배움으로써 미얀마어를 발음하는 방법을 배워보도록 합시다. 미얀마어는 문자와 발음이 일치하지 않는 경우가 대부분이므로 초보 학습단계에서 정확한 발음원칙과 성조를 익히는 것이 중요합니다.

စကားပြော 상황별 기본 회화

경청은 지혜의 특권이다

각 강의 학습 내용에 기본이 되는 대화문을 상황별로 소개합니다. 초보자의 학습에 도움이 되도록 한국어 독음을 표기하였습니다.

ဝေါဟာရ 오늘의 어휘

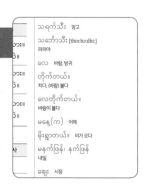

단어의 이미지는 견고하다

각 강의 상황별 대화문에 등장하는 어휘를 정리하였습니다. 이미지를 연상하면서 어휘를 기억하도록 합니다.

သဒ္ဒါ 문법

언어의 품사를 품다

각 강의 상황별 대화문에 등장하는 관련 문법 사항을 설명하였고, 가장 실용적인 문장들을 예문으로 실었습니다.

အသုံးပြု 유용한 표현

인류는 소통했기에 생존하였다

각 강에서 학습한 내용을 응용하여 말할 수 있는 다양한 문장을 제시하였습니다. 새로운 어휘와 구문을 통해 문장을 구성하는 응용력을 기릅니다.

လေ့ကျင့်ခန်း 연습문제

말할 권리를 절대 옹호한다

각 강에서 학습한 내용을 정리합니다. 미얀마어로 말할 수 있는지 스스로 확인하고 복습하도록 합니다.

차 례

Content ▶

미얀마어 알파벳 쓰기 연습

자음

[ka.] 까.

[hka.] 카.

[ga.] 가.

[ga.] 가.

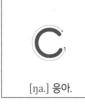

[ŋa.] 응아.

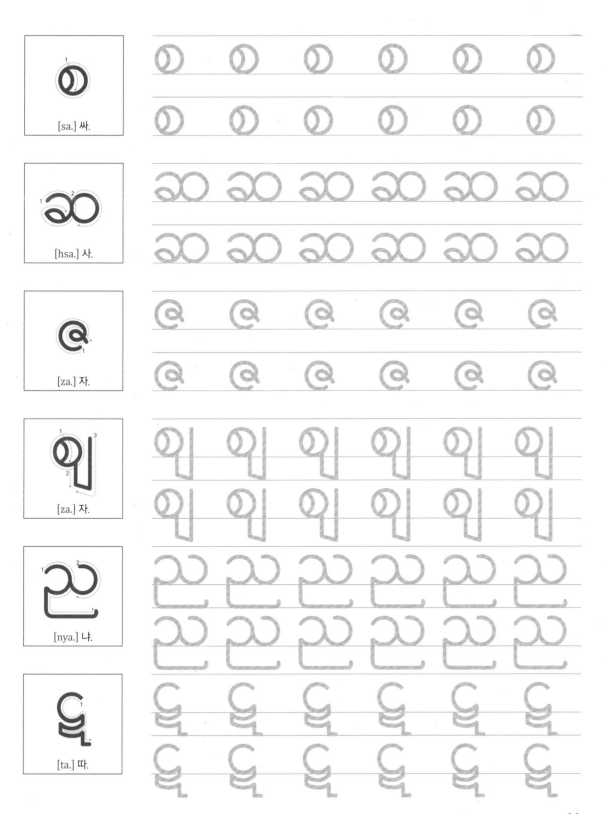

[sa.] 싸.

[hsa.] 사.

[za.] 자.

[za.] 자.

[nya.] 냐.

[ta.] 따.

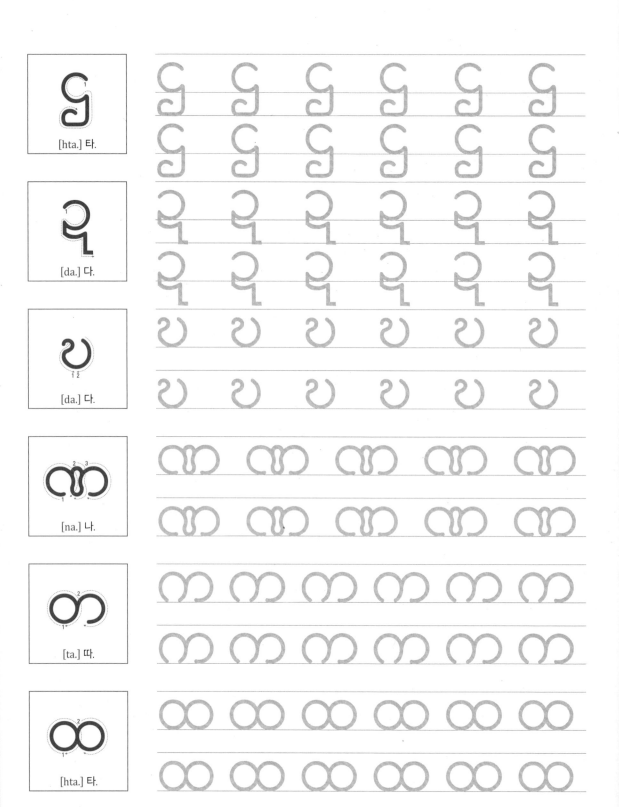

[hta.] 타.

[da.] 다.

[da.] 다.

[na.] 나.

[ta.] 따.

[hta.] 타.

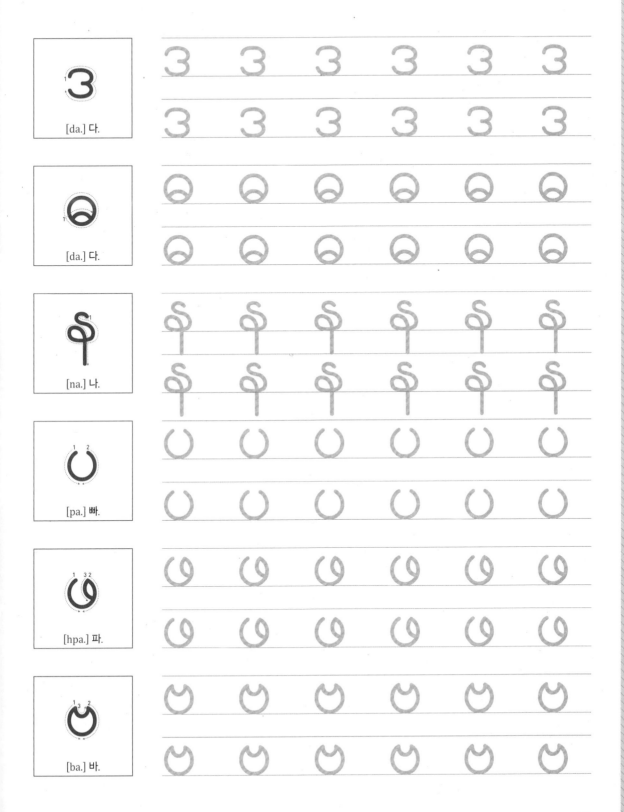

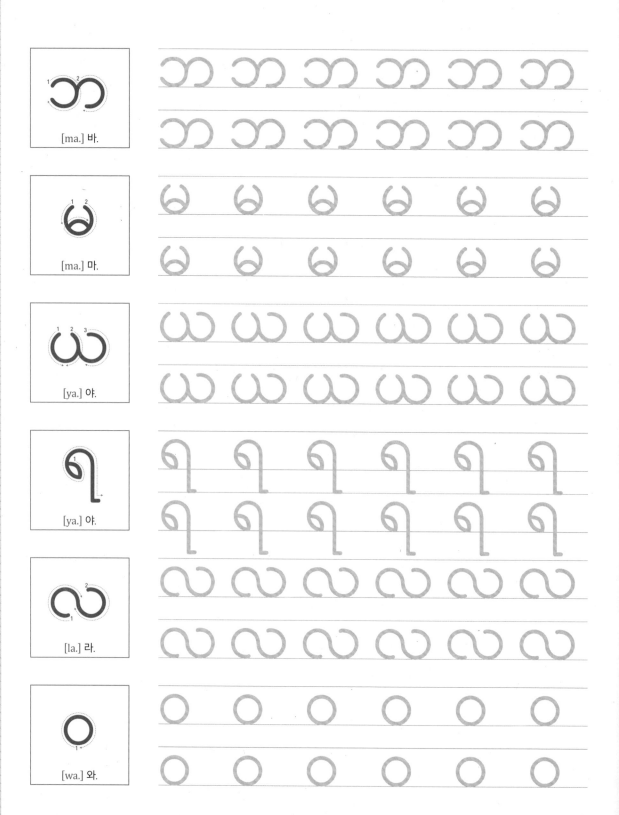

[tha.] 따.

[ha.] 하.

[la.] 라.

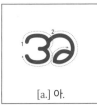

[a.] 아.

미얀마어 알파벳 쓰기 연습

숫자

| O [thounnya.] 똥냐. | ○ ○ ○ ○ ○ ○ |
| | ○ ○ ○ ○ ○ ○ |

| つ [ti?] 띳? | つ つ つ つ つ つ |
| | つ つ つ つ つ つ |

| J [hni?] 흐닛? | J J J J J J |
| | J J J J J J |

| ၃ [thoun:] 똥: | ၃ ၃ ၃ ၃ ၃ ၃ |
| | ၃ ၃ ၃ ၃ ၃ ၃ |

| ၉ [le:] 레: | ၉ ၉ ၉ ၉ ၉ ၉ |
| | ၉ ၉ ၉ ၉ ၉ ၉ |

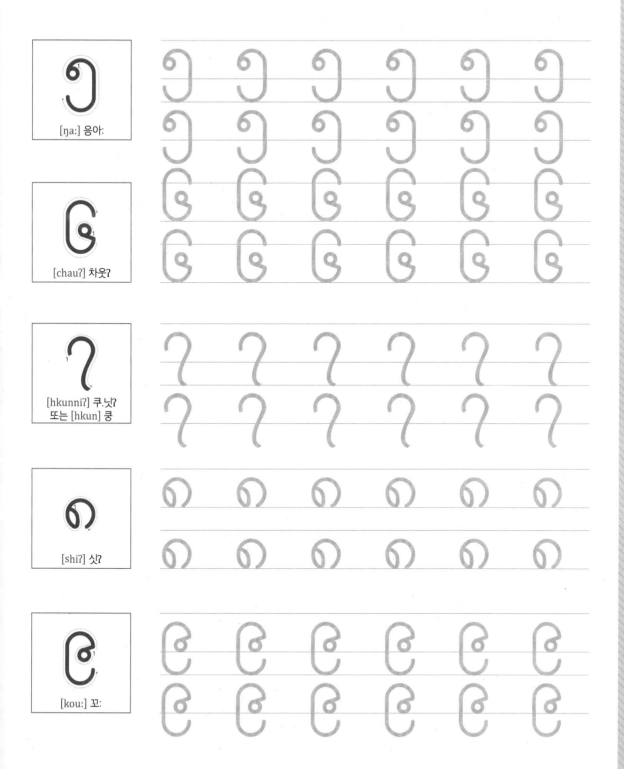

[ŋa:] 응아:

[chauʔ] 차웃?

[hkunniʔ] 쿠.닛?
또는 [hkun] 쿵

[shiʔ] 싯?

[kou:] 꼬:

17

준비학습

① 미얀마어 발음의 한글 표기와 한글 발음

미얀마 국내에서 미얀마어 발음을 영어로 표기하는 원칙이 없다. 예를 들어 인레와 만달레의 '레'는 같은 문자이지만 전자는 'le', 후자는 'lay'로 표기한다. 나아가 우리나라에서도 미얀마어 전문 교육기관이 많지 않고, 미얀마어를 전공한 한국인 학자가 부족한 관계로 통일된 미얀마어 표기법을 논의조차 하지 못하고 있다.

이런 상황은 출판업계에서도 명확하게 드러난다. 2019년 기준 국내에서 출판된 미얀마어 저서는 대부분 한국으로 유학을 온 미얀마인이 집필했다. 이 책들은 독자들의 이해를 돕기 위해 한글 발음을 함께 적고 있으나 문법적 변화보다 원래 문자의 발음에만 충실하다. 또한, 저자별 발음표기가 다르므로 학습자들의 혼란을 가중할 수도 있다. 이로 인해 문자와 발음이 일치하지 않는 미얀마어의 특성을 이해하고 궁극적으로 효율적인 학습을 하는데 다양한 장애가 발생한다.

이러한 점들을 고려하여 이 책에서는 필자가 정한 원칙에 따라 한글 표기와 발음을 사용한다. 이 범주에 포함되지 않는 발음은 국제 발음기호의 원칙을 따른다. 아울러 현지어 학습이므로 국립국어원에서 정한 미얀마어의 한글 발음표기는 따르지 않는다.

자음		모음	
[k]	ㄲ	[a]	아
[hk]	ㅋ	[ə]	어
[s]	ㅆ	[i]	이
[hs]	ㅅ	[ou]	오
[t]	ㄸ	[u]	우
[ht]	ㅌ	[e]	에
[p]	ㅃ	[ɛ]	애
[hp]	ㅍ	[ɔ]	어 또는 오
[ky]	ㅉ	[-n]	ㄴ 또는 ㅇ
[gy]	ㅈ	[-ʔ]	-ʔ(성문폐쇄음)
[ch]	ㅊ	[ɛʔ]	-엣ʔ 또는 엑ʔ
[sh]	ㅅ [ʃ]	[aʔ]	-앗ʔ 또는 악ʔ
[th]	ㄸ(위아래 치아 사이에 혀를 끼운 뒤 치아를 위아래로 분리하며 발음)	[aiʔ]	-아잇ʔ 또는 아익ʔ
[dh]	ㄷ	[auʔ]	-아웃ʔ 또는 아욱ʔ
		[iʔ]	-잇ʔ 또는 익ʔ
		[eiʔ]	-에잇ʔ 또는 에익ʔ
		[ouʔ]	-오웃ʔ 또는 오욱ʔ
		[uʔ]	-웃ʔ 또는 욱ʔ

1 기본 표기

아래에서 위로, 왼쪽에서 오른쪽으로 씀.

2 성조 표기

1성조: 문자 영역을 넘어가지 않고
마지막 부호의 아래쪽에 표기

문자의 오른쪽, 자음의 상하 시작과
끝지점에 표기

3 상하문자 표기

자음이 옆으로 긴 문자는
자음 오른쪽 위아래 부분에 표기

자음이 옆으로 길지 않은 문자도 자음을 반으로
나누어 가급적 오른쪽 위아래 부분에 표기

4 좌우문자 표기

순서　　2　　1　　3　　4 5

미얀마어의 성조와 성조 표기

성조	종류	발음법	표기	발음
2	평성조 (usual tone)	시작과 끝이 같은 음	---	아---
3	고성조 (high tone)	평성보다 한 성조 높게 시작하여 끝이 낮아짐	---:	아:--
1	하강조 (falling tone)	높은 음에서 떨어지는 성조	---.	아.
-	폐쇄음 (glottal stop)	올라가 성대가 막히는 톤 또는 비음	---ʔ ---n	앗ʔ 또는 악ʔ -ㄴ 또는 ㅇ

1 자음

1 자음(33자)　🎧 0-1

1 ▨ 표시는 빨리어 전용문자임.

2 성조는 모두 1성임.

				독립발음
Ka열	က 까.	ခ 카.	ဂ 가.	ဃ 가.	င 응아.
Sa열	စ 싸.	ဆ 사.	ဇ 자.	ဈ 자.	ည 냐. (ဉ)
Ta열	ဋ 따.	ဌ(ဌ) 타.	ဍ 다.	ဎ 다.	ဏ 나.
Ta열	တ 따.	ထ 타.	ဒ 다.	ဓ 다.	န 나.
Pa열	ပ 빠.	ဖ 파.	ဗ 바.	ဘ 바.	မ 마.
불규칙	ယ 야.	ရ 야.(라.)	လ 라.	ဝ 와.	သ(ဿ) 따.	ဟ 하.	ဠ 라.	အ 아.

2 자음과 명칭　🎧 0-2

자음 표기	명칭	발음기호	한글발음
က	ကကြီး	[ka.gyi:]	까. 지:
ခ	ခခွေး	[hka.gwe:]	카. 궤:
ဂ	ဂငယ်	[ga.ŋɛ]	가. 응애(강애)
ဃ	ဃကြီး	[ga.gyi:]	가. 지:
င	င	[ŋa.]	응아.

자음 표기	명칭	발음기호	한글발음
စ	စလုံး	[sa.loun:]	싸. 롱:
ဆ	ဆလိမ်	[hsa.lein]	사. 레잉
ဇ	ဇကွဲ	[za.gwɛ]	자. 꽤:
ဈ	ဈမျဉ်းဆွဲ	[za.myin:zwɛ:]	자. 뮌:즈왜:
ည	ည	[nya.]	냐.
(ဉ)	ဉ ကလေး	[nya.gəle:]	냐. 그-ㄹ레:
ဋ	ဋသံလျင်းချိတ်	[ta.thəlin:gyei?]	따. 떠-ㄹ링:제잇?
ဌ(ဌ)	ဌဝမ်းဘဲ	[hta.wun:bɛ:]	타. 원:배:
ဍ	ဍရင်ကောက်	[da.yingau?]	다. 잉가웃?
ဎ	ဎရေမှုတ်	[da.yehmou?]	다. 예흐못?
ဏ	ဏကြီး	[na.gyi:]	나. 지:
တ	တဝမ်းပူ	[ta.wun:bu]	따. 원:부
ထ	ထဆင်ထူး	[hta.hsindu:]	타. 신두:
ဒ	ဒထွေး	[da.dwe:]	다. 뒈:
ဓ	ဓအောက်ခြိုက်	[da.au?chai?]	다. 아웃?차잇?
န	နငယ်	[na.ŋɛ]	나. 응애(낭애)
ပ	ပစောက်	[pa.zau?]	빠. 자웃?
ဖ	ဖဦးထုပ်	[hpa.ou?htou?]	파. 오웃?토웃?
ဗ	ဗထက်ခြိုက်	[ba.ləchai?]	바. 러차잇?
ဘ	ဘကုန်း	[ba.goun:]	바. 공:
မ	မ	[ma.]	마.
ယ	ယပက်လက်	[ya.pɛ?lɛ?]	야. 뺃?렏?
ရ	ရကောက်	[ya.gau?]	야. 가웃?
လ	လ	[la.]	라.
ဝ	ဝ	[wa.]	와.
သ	သ	[tha.]	따.
(ဿ)	သကြီး	[tha.gyi:]	따. 지:
ဟ	ဟ	[ha.]	하.
ဠ	ဠကြီး	[la.gyi:]	라. 지:
အ	အ	[a.]	아.

3 매개자음(이중자음)

미얀마어에는 아래와 같이 4개의 매개자음이 있다. 매개자음이 포함된 2성조 이상의 문자에서 매개자음은 초성 자음 근처에 위치한다. 예를 들어 ခွ [hkwa.]를 2성조 문자로 변형할 경우 ခွ 가 아닌 ခွာ[hkwa]로 표기한다.

1 매개자음 4개

매개 자음	결합 방식	명칭	결합 예	결합자음	비고
ျ	자음+y+	ယပင့် [ya.pin.] 야.삥.	မျ [mya.] 먀.	ကျ၊ ချ၊ ဂျ၊ တျ၊ ပျ၊ ဖျ၊ ဗျ၊ မျ၊ လျ၊ သျ၊ လ	같은 발음으로 표기주의
ြ		ရရစ် [ya.yiʔ] 야.잇?	မြ [mya.] 먀.	ကြ၊ ခြ၊ ဂြ၊ ငြ၊ တြ၊ ဒြ၊ ပြ၊ ဖြ၊ ဗြ၊ မြ	
ွ	자음+w+	ဝဆွဲ [wa.hswɛ:] 와.스왜:	မွ [mwa.] 므와.(롸.)		
ှ	h+자음	ဟထိုး [ha.htou:] 하.토:	မှ [hma.] 흐마.	ငှ၊ ညှ၊ ဏှ၊ နှ၊ မှ၊ ယှ၊ ရှ၊ လှ၊ ဝှ၊ သ	- 발음은 '하'가 아니라 콧바람 소리로 거의 들리지 않음. - 결합 자음에 따라 고유 음가가 바뀜. (다음 표 참조)

2 매개자음의 특수한 발음

매개 자음	결합 자음	발음	매개 자음	결합 자음	발음
ျ	ကျ	[kya.] 짜.	ြ	ကြ	[kya.] 짜.
	ချ	[cha.] 차.		ခြ	[cha.] 차.
	ဂျ	[gya.] 자.		ဂြ	[gya.] 자.
	ဒျ	ဒျန့် [dəyan.] 더얀.		ငြ	[nya.] 냐.
	တျ	[təya.] 떠야.		တြ	[təra.] 떠라.
	ယျ	[ya.] 야.		ဒြ	[dəya.] 더야.
	လျ	[lya.] 으-ㄹ야./ [ya.] 야.		ဩ	[ɔ:] 오: / 어:
ှ	ဟ	[sha.] 샤.	လှ	လှ	[sha.] 샤. / [hlya.] 흐-ㄹ야.
	ရ			ရှ	

2 모음

미얀마어의 모음은 두 가지 형태이다.

1 고유 음가를 가진 7개의 모음([a(아), i(이), u(우), e(에), ɛ(애), ɔ(어/오), ou(오)])

2 각 열의 첫 번째와 마지막 자음 8개에 어땃(ိ် အသတ် [əthaʔ])을 붙여 모음화한 형태와 모음부호 1개로 구성된 총 9개의 모음으로 종성자음 문자 또는 폐음절이라고 부른다.

1 기본모음(□는 자음) 🎧 0-3

모음	부호	명칭[발음기호]	한글발음	비고
a(아)	□ာ	ရေးချ [ye:cha.] / ဝိုက်ချ [waiʔcha.]	예:차./와잇?차.	2성조
	□ါ	မောက်ချ [mauʔcha.]	마웃?차.	변형문자
i(이)	◌ိ	လုံးကြီးတင် [loun:gyi:tin]	롱:지:띵	1성조
	◌ီ	လုံးကြီးတင်ဆန်ခတ် [loun:gyi:tinhsanhkaʔ]	롱:지:띵상캇?	2성조
u(우)	◌ု / □ှ	တစ်ချောင်းငင် [təchaun:ŋin]	떠차웅:잉	1성조(변형)
	◌ူ / □ှ	နှစ်ချောင်းငင် [hnəchaun:ŋin]	흐너차웅:잉	2성조(변형)
e(에)	ေ□	သဝေထိုး [thəwehtou:]	떠.웨토:	2성조
ɛ(애)	◌ဲ	နောက်ပစ် [nauʔpyiʔ]	나웃?삣?	3성조
	□ယ်	ယပက်လက်သတ် [ya.pɛʔlɛʔthaʔ]	야.삣?렛?땃?	2성조
ɔ(어/오)	ေ□ာ / ေ□ါ		-	3성조(변형)
	ေ□ာ် / ေ□ါ်		-	2성조(변형)
ou(오)	◌ို / ◌ို		-	2성조(변형)

1성조와 3성조의 모음부호 표기와 명칭은 다음과 같다.

□. အောက်ကမြစ် [auʔka.myiʔ]   아웃?까.밋?

□: ရှေ.ကပေါက် [she.ga.pauʔ]   세(시).가.빠웃? (또는)

    ဝစ္စနှစ်လုံးပေါက် [wiʔsa.hnəloun:pauʔ]   윗?싸.흐너롱:빠웃?

활용법

1 က를 3개의 음절로 만들어 보자.

→ က / ကာ / ကား

각 성조에 따라서 뜻은 순서대로 '춤추다', '보호하다', '자동차'의 의미이다.

23

2 o를 ုံ[ou]와 결합하여 3개의 음절로 만들어 보자.

→ ဦ့ / ဦ့ / ဦး

문자의 변형

□ာ [ye:cha.](예:차.) 대신 □ါ [mauʔcha.] (마웃?차.)를 사용하는 경우

1 ခ를 2성조로 표기하면 ခာ가 되지만 အ와 혼동될 소지가 다분하다. 즉 일부 자음(6개)을 2–3성조로 만들 때 모양이 유사한 다른 자음과 구별하기 위해 □ာ 대신 □ါ 를 사용한다. 해당 자음과 변형 형태는 다음과 같다.

ex) ခ–ဆ, က–ဂ, ဃ–ဎ, အ–အ, ဟ–ဟ, ဏ–ဋ → ခါ. ဂါ. ဃါ. အါ. ပါ. ဋါ

그러나 6개의 자음들이 매개자음 부호를 수반하는 경우에는 변형부호를 사용하지 않는다.

ex) ချာ. ခြာ. ခွာ / ဂျာ / ငြာ. ငွာ. ငှာ: / ပျာ. ပြာ. ပွာ

2 추가로 □ာ가 포함된 문자로 [ɔ]가 있다. 예를 들면 ကော့, ကော, ခေါ် , ဝေါ 의 각 발음은 [kɔ.], [kɔ:], [hkɔ:], [wɔ:]이다. 세 번째와 네 번째 문자는 위 6개 자음에 속하므로 문자의 변형이 발생한다.

cf. 수기로 작성할 경우 위 6개 문자 이외에 ဝ. ဘ. ထ. ၀. ဎ. စ 등도 □ာ 대신 □ါ로 쓰기도 한다.

ႅ တ(စ်)ချောင်းငင် [təchaun:ŋin] (떠차웅:잉)과
ႏ နှ(စ်)ချောင်းငင် [hnəchaun:ŋin] (흐너차웅:잉)의 변형

두 모음 부호는 자음의 형태가 길거나 매개자음을 사용하여 문자가 상하로 길어질 때 사용한다.

1 세로가 긴 문자(ဈ။ ၊ ဤ ၊ ၃ ၊ ၄ ၊ ၅ ၊ ၆ ၊ ၆ ၊ ၉)와 함께 사용될 때
ex) ၄ (X) → ၄ြ(O) / ဤ는 ၃ 로 병행 표기 가능함.

24

※ 세로가 긴 문자 가운데 နှ 와 ရ 는 위 사례처럼 모음 부호를 세로로 늘리지 않고, 다음과 같이 자음의 모양이 변형된다.

ex) နု ၊ နူ ၊ နွူ ၊ နု ၊ နူ   ရု ၊ ရူ ၊ ရူ ၊ ရု ၊ ရူ

2 매개자음 ◌ျ, ◌ြ 와 함께 사용될 때

ex) ချုံ ၊ ချုံး ၊ ကြုံး / မြို့ 는 မြို့ 로 병행 표기 가능함.

3 매개자음 ◌ွ 와 함께 사용될 때 문자 변형 없이 그대로 사용하기도 함.

ex) လွှုံ 는 လွှုံ 로 병행 표기 가능함.

❷ 종성자음 문자(모음) 1

아래 자음 가운데 첫 번째와 마지막 자음(빨리어 전용문자 제외)에 어땃(◌် အသတ် [əthaʔ])을 붙여 모음화한다. 예를 들어 자음 မ 에 က် 을 조합하면 မက် [mɛʔ](멧?)이란 모음이 된다.

က	ခ	ဂ	ဃ	င
စ	ဆ	ဇ	ဈ	ည(ဉ)
ဋ	ဌ(ဌ)	ဍ	ဎ	ဏ
တ	ထ	ဒ	ဓ	န
ပ	ဖ	ဗ	ဘ	မ

표기	명칭	□	◌ု	◌ု	◌ေ◌ာ	◌ို
□က်	까.땃?	□က် [-ɛʔ]			◌ေ◌ာက် [-auʔ]	◌ိုက် [-aiʔ]
□င်	응아.땃?	□င် [-in]			◌ေ◌ာင် [-aun]	◌ိုင် [-ain]
□စ်	싸.땃?	□စ် [-iʔ]				
□ည်	냐.땃?	□ည် [-i/-ɛ]				

25

표기	명칭	□	◌ံ	◌ု	ေ◌	◌ို
□ၚ်	냐.그-ㄹ레:땃?	□ၚ် [-in]				
□တ်	따.땃?	□တ် [-aʔ]	◌ိတ် [-eiʔ]	◌ုတ် [-ouʔ]		
□န်	나.땃?	□န် [-an]	◌ိန် [-ein]	◌ုန် [-oun]		
□ပ်	빠.땃?	□ပ် [-aʔ]	◌ိပ် [-eiʔ]	◌ုပ် [-ouʔ]		
□မ်	마.땃?	□မ် [-an]	◌ိမ် [-ein]			
◌ံ	떼:데:띤 သေးသေးတင် [the:dhe:tin]	◌ံ [-an]		◌ုံ [-oun]		

활용법

1 가로 열은 기본 모음 중 [a, i, u, ɔ, ou] 등 5개임.

2 세로 열은 위에서 언급한 각 열의 첫 번째 및 마지막 문자 8개임.

3 세로 5번째 □ၚ် 는 자음일 때 ည 와 같은 [nya.] 음가이지만, 어땃(◌ံ အသတ် [əthaʔ])과 결
   합하여 모음이 될 때는 [in]으로 발음함.

4 마지막 문자 သေးသေးတင် [the:dhe:tin](떼:데:띤)은 자체로 모음임.

암기법

자음으로 학습한 문자가 모음으로 변하기 때문에 자음과 모음을 분리하지 못해 읽기가 쉽지 않
을 것이다. 또한 기본 모음과 결합하는 종성자음의 형태가 다양하므로 학습에 이중고가 따른다.
쉽게 암기하는 법을 다음과 같이 제안한다.

첫째, 각 종성자음의 자음을 배열순으로 구분한다. 예를 들어 က 와 c 는 첫 번째 열에 있으므로
   하나로 묶는다. 자음에 바로 종성자음이 붙는 경우를 제외하고 마지막 두 문자는 [au]과
   [ai]를 공통으로 하나는 성문폐쇄음, 하나는 비음(鼻音, ㅡn)으로 나눠진다.

둘째, ည 은 자음에 따라서 발음이 두 가지로 변하므로 새로운 단어를 접할 때마다 발음을 잘
   익혀야 한다. 예를 들어 '국가'는 ပြည် [pyi], '(속도가) 느리다'는 ဖြည် [hpyɛ:]이다.

셋째, တ် 부터 ◌ိ 까지는 배열 순으로 나누지 말고, 발음으로 외우는 것이 쉽다. 즉 자음 배열의 앞에 위치한 တ် / ပ် 과 န် / မ် / ◌ိ 의 발음은 모두 같으므로 하나로 묶는다.

넷째, 각 종성자음 중 각 열의 첫 번째 자음은 모두 성문폐쇄음이고, 마지막 배열 자음은 모두 비음[-n]이다.

❸ 종성자음 문자(확장 모음)_2

종성자음의 모음화는 위와 같이 9개 문자가 가장 많다. 그러나 빨리어의 전통이 남아 있는 미얀마어의 표기상 위 문자를 제외하고도 간혹 등장하는 종성자음이 있다. 아래 표는 그 사례를 모두 표기한 것이다. 가로 열은 기본 모음이고, 세로 열은 자음을 순서대로 배열했다.

기본 종성자음 문자에 포함되지 않는 문자, 예를 들어 ဘဏ် [ban](은행), ခေတ် [hkiʔ](시대), ကိုယ် [kou](신체)와 같은 문자를 만나면 아래 표를 참조하여 발음을 찾아보라.

	□	□ာ	◌	◌	ေ□	ေ□ာ	◌
□က်	□က် [-ɛʔ]	□ာက် [-ɛʔ]	◌က် [-eiʔ]	◌က် [-ouʔ]		ေ□ာက် [-auʔ]	◌က် [-aiʔ]
□ခ်				◌ခ် [-ouʔ]			
□ဂ်	□ဂ် [-ɛʔ]		◌ဂ် [-eiʔ]	◌ဂ် [-ouʔ]		ေ□ာဂ် [-auʔ]	
□ယ်							◌ယ် [-ou]
□င်	□င် [-in]		◌င် [-ein]			ေ□ာင် [-aun]	◌င် [-ain]
□စ်	□စ် [-iʔ]	□ာစ် [-iʔ]	◌စ် [-eiʔ]	◌စ် [-ouʔ]			
□ဆ်	□ဆ် [-iʔ]	□ာဆ် [-iʔ]	◌ဆ် [-eiʔ]			ေ□ာဆ် [-uʔ]	◌ဆ် [-aiʔ]
□ည်	□ည် [-i/-e/ɛ]			◌ည် [-oun]	ေ□ည် [-in]		

	□	□ာ	□ိ	□ု	ေ□	ေ□ာ	□ို
□ဉ်	□ဉ် [-in]	□ာဉ် [-in]	□ိဉ် [-eiʔ]	□ုဉ် [-oun]	ေ□ဉ် [-in]		
□င့်	□င့် [-aʔ]		□ိင့် [-eiʔ]	□ုင့် [-ouʔ]	ေ□င့် [-iʔ]		□ိုင့် [-aiʔ]
□င်း	□င်း [aʔ]	□ာင်း [aʔ]	□ိင်း [-eiʔ]	□ုင်း [-ouʔ]	ေ□င်း [-iʔ]		□ိုင်း [-aiʔ]
□ို့	□ို့ [aʔ]			□ုို့ [-ouʔ]			
□ဏ်	□ဏ် [-an]	□ာဏ် [-an]	□ိဏ် [-ein]	□ုဏ် [-oun]			□ိုဏ် [-ain]
□တ်	□တ် [-aʔ]	□ာတ် [-aʔ]	□ိတ် [-eiʔ]	□ုတ် [-ouʔ]	ေ□တ် [-iʔ]	ေ□ာတ် [-uʔ]	□ိုတ် [-aiʔ]
□ထ်				□ုထ် [-ouʔ]			□ိုထ် [-aiʔ]
□ဒ်	□ဒ် [-aʔ]	□ာဒ် [-aʔ]	□ိဒ် [-eiʔ]	□ုဒ် [-ouʔ]			□ိုဒ် [-aiʔ]
□ဓ်	□ဓ် [-aʔ]	□ာဓ် [-aʔ]	□ိဓ် [-eiʔ]	□ုဓ် [-ouʔ]			
□န်	□န် [-an]	□ာန် [-an]	□ိန် [-ein]	□ုန် [-oun]			
□ပ်	□ပ် [-aʔ]	□ာပ် [-aʔ]	□ိပ် [-eiʔ]	□ုပ် [-ouʔ]			
□ဖ်	□ဖ် [-aʔ]		□ိဖ် [-eiʔ]	□ုဖ် [-ouʔ]			
□မ်	□မ် [-a]		□ိမ် [-ein]				
□ယ်	□ယ် [-ɛ]	□ာယ် [-ɛ]	□ိယ် [-i]	□ုယ် [-u]	ေ□ယ် [-e]	ေ□ာယ် [-ɔ]	□ိုယ် [-ou]
□ရ်	□ရ် [-an]	□ာရ် [-an]	□ိရ် [-ein]		ေ□ရ် [-e]		□ိုရ် [-ou]
□လ်	□လ် [-an]	□ာလ် [-an]	□ိလ် [-ein]	□ုလ် [-oun]			□ိုလ် [-ou]

	□	□ာ	ိ □	◌ု	ေ□	ေ□ာ	ို □
□ဉ်	□ဉ် [-ɔ]						
□သ်	□သ် [-aʔ]	□သ် [-aʔ]	ိသ် □ [-eiʔ]	◌ုသ် [-ouʔ]			
□ဟ်			ိဟ် □ [-ein]				ိုဟ် □ [-ou]
□င့်	□င့် [-an]	□ာင့် [-an]	ိင့် □ [-ein]	◌ုင့် [-oun]			

4 독립 모음

다음 문자들은 그 자체로 모음이다. 사실 미얀마어 모음 문자는 16개 이상이다.

모음	사용 예
ဣ [i./ein/eiʔ]	ဣရိယာပုတ် [i.ri.yabouʔ] (불교) 행동거지(기댐, 앉음, 서기, 걷기) ဣန္ဒာ [einda] 인드라 ဣဒ္ဓိပါဒ် [eiʔdi.paʔ] (불교) 수행 종류
ဤ [i]	(문어체 전용) 이것
ဧ [ɛ]	ဧည့်သည် [ɛ.dhɛ] 손님 / ဧရာဝတီ [ɛyawədi] 에야워디강 / ဧပြီ [ɛbyi] 4월
ဥ [u.] / [ouʔ]	ကြက်ဥ [kyɛʔu.] 달걀 / ဥစ္စာ [ouʔsa] 재산, 현재의 / ဥက္ကပျံ [ouʔka.byan] 유성(流星)
ဦ [u] ဦး [u:] / [ouʔ] / [oun:]	ဦးချ [u:cha.] 미얀마 식사 예절 / ဦးထုပ် [ouʔhtouʔ] 모자 / စားပါဦး။ [sa:baoun:] 드세요!(존칭)
ဩ့ [ɔ.] ဩ် [ɔ] ဪ [ɔ:]	ဩ် (감탄사) 오~ မြေဩဇာ [myeɔ:za] 비료 / ဩဂုတ်လ [ɔ:gouʔla.] 8월

기본문법

일러두기

အက

위 단어를 문자 그대로 발음하면 [아.까.]이지만, 실제 발음은 [어.까.]이다. 이처럼 2음절 이상의 단어에서 첫 번째 초성 모음이 [a]에서 [ə]로 바뀌거나, 기타 모음 중 [a], [i], [u], [ɛ]와 폐음절과 폐쇄음 중 [ɛʔ], [iʔ], [aʔ], [in], [an]이 초성에 위치하여 고유의 소리 값을 잃고 [ə]로 바뀌는 현상을 음절약화라고 한다. 음절약화가 된 후 성조는 2성이다.

1) 초성의 모음 [a]가 [ə]로 발음되는 경우: 초성에 1성조 [a]는 거의 [ə]로 바뀜.

<blockquote>

အခ   [ahka.] → [əhka.] 어카.   급료

ဆရာ   [hsaya] → [hsəya] 서야   선생님

</blockquote>

> **예외** 다음의 경우 원래 소리 값을 유지함.

• 초성 모음이 2성조 이상	အာဏာ	[ana] 아나	(물리적) 힘
• 빨리어	အလောဘ	[a.lɔ:ba.] 아.로:바.	무욕(無慾)
	ရတနာ	[ya.dəna]	보석

2) 초성의 기타 모음([i], [u], [ɛ])이 [ə]로 발음되는 경우: 일부 단어에서만 발생하며 성조에 영향을 받지 않음.

1성조	ဖိနပ် [hpi.naʔ]	→ [hpənaʔ] 퍼낫?		신발
2성조	ဘီလူး [bilu:]	→ [bəlu:] 버-르루:		식인귀(ogre)
1성조	ကုလားထိုင် [ku.la:htain]	→ [kələhtain] 꺼-르러타잉		의자
2성조	ဘယ်သူ [bɛdhu]	→ [bədhu] 버두(또는 배두)		(의문사)누구
3성조	ကိုယ်စားလှယ် [kousa:lɛ]	→ [kouzəlɛ] 꼬저-르래		대표

외래어와 위 모음이 포함된 대부분 단어는 원래 음가를 유지하고, 위 모음이 포함된 일부 [i], [u] 음가에서만 음절약화가 발생함.

မိနစ် [mi.ni?]	분(分)	ဖခင် [hpa.gin]	부친
မိဘ [mi.ba.]	부모	ကုသ [ku.tha.]	치료하다

မီးရထား vs. ကုလားထိုင်

위 두 단어는 3음절로서 어떻게 읽을 수 있을까? 앞 단어를 소리대로 읽으면 [mi:ya.hta:](미:야.타:)가 된다. 여기에서 종성 [hta:]를 제외하고 앞 두 음절에서 모음은 [i], [a]로서 음절약화의 대상이다. 그래서 학습한대로 하면 [mi:yəhta:] (미:여타:)가 된다. 그러나 이 단어는 မီး(불) + ရထား(기차)가 합쳐진 복합명사이다. 즉 음절약화가 2음절 이상단어에 적용되기 때문에 첫 번째 단어 မီး는 제외된다. 그래서 두 번째 단어 ရထား 중 첫 번째 음절인 [ya.]만 음절약화가 발생한다. 조합해서 읽으면 [mi:yəhta:] (미:여타:)가 된다. 이런 방식으로 두 번째 단어도 ကုလား(외국인, 인도인) + ထိုင် (앉다)이 합쳐진 복합명사이다. 따라서 초성의 모음 [ku.]가 [kə]로 음절약화된다.

3) 초성의 종성자음([ɛ?], [i?], [a?], [in], [an])이 [ə]로 변형되는 경우

ခက်ရင်း [hkɛ?yin:]	→ [hkəyin:] 커잉:	포크
အစ်ကို [i?kou]	→ [əkou] 어꼬	형, 오빠
နတ်တော် [na?tɔ]	→ [nədɔ] 너도	9월(미얀마력)
လင်းကွင် [lingwin:]	→ [ləgwin:] 러귕	심벌즈
	또는 [lin:gwin:] 링귕: 또는 [yəgwin:] 여귕:	
တန်ဆောင်မုန်း [tanhsaunmoun:]	→ [dəzaunmoun:] 더자웅몽	8월(미얀마력)
တံဆိပ် [tanhsei?]	→ [dəzei?] 더제잇?	표, 인지
သန်ဘက်ခါ [thanbɛ?hka]	→ [dhəbɛ?hka] 더벳?카	(날짜) 모레

31

4) 음절약화는 아니지만 부정(否定)문에 포함된 보조사 မ[ma.]는 어떠한 경우에도 반드시 [mə]로 발음된다.

- 부정평서문: မ-(동사)-ဘူး။

  မလာဘူး[ma̱.labu:]　　　→ [məlabu:]　　　오지 않았다.

- 부정의문문: မ-(동사)-ဘူးလား။

  မရှိဘူးလား။[ma̱.shi.bu:la:] → [məshi.bu:la:]　없습니까?

- 종조사 ဘူး[bu:]는 본동사가 성문폐쇄음([ʔ])으로 끝날 경우 [hpu:]로 발음된다.

  မလုပ်ဘူး။[ma̱.louʔbu:]　　→ [məlouʔhpu:]　　하지 않다.

② 유성음화(격음화 현상): 2음절 이상에서 두 번째 이상의 무기음 초성자음이 유성음으로 변하는 현상

일러두기

미얀마어 첫 번째 자음의 발음이 [까.찌:]가 아니라 [까.지:]이다. 즉 각 열의 다섯 번째에 위치한 독립자음을 제외한 첫 번째, 두 번째 문자와 세 번째, 네 번째 문자는 다음과 같이 무성음과 유성음으로 대립한다.

무기음	유기음
က[ka.]　ကျ/ကြ[kya.]　ခ[hka.]　ချ/ခြ[cha.]	ဂ[ga.]　ဂျ/ဂြ[gya.]　ဃ[ga.]
စ[sa.]　ဆ[hsa.]	ဇ[za.]
ဋ[ta.]　ဌ(ဍ)[hta.]	ဒ[da.]　ဎ[da.]
တ[ta.]　ထ[hta.]	ဒ[da.]　ဓ[da.]
ပ[pa.]　ဖ[hpa.]	ဗ[ba.]　ဘ[ba.]
သ[tha.]	

유성음화현상은 2음절이상의 개(開)음(자음 없이 모음으로 끝나는 음)이나 비음으로 끝나는 폐음절(-n) 다음에 위치하는 초성자음이 원래의 음가를 잃고 유성음(g, gy, z, d, b, dh)으로 바뀌는 현상이다. 다음과 같은 몇 가지 원칙이 있다.

1 (기본 원칙) 2음절 이상의 단어일 경우 두 번째 음절의 무기음 초성자음이 유성음화됨.

ကြိုးစား [kyou:sa:] → [kyou:za:] 쪼:자:　　　노력하다.

ပစောက် [pa.sauʔ] → [pa.zauʔ] 빠.자웃?　　21번째 자음

2 무기음의 조사와 조동사의 초성자음이 유성음화됨.

– 격조사

သူက ~~~[thuka.]　　　→ [thuga.] 뚜가.　　　그는~~~

ဒီကို ~~~[dikou]　　　→ [digou] 디고　　　이것을~~~

စားဖို့ ~~~[sa:hpou.]　→ [sa:bou.] 싸:보.　　먹기 위해 ~~~

မလာခင် [məlahkin]　　→ [məlagin] 머-ㄹ라깅　오기 전

– 종조사

သွားတယ်။ [thwa:tɛ]　→ [thwa:dɛ] 똬:대　　　가다.

လာပါ။ [lapa]　　→ [laba] 라바　　　(명령) 오라.

စားပြီ။ [sa:pyi]　→ [sa:byi] 싸:비　　(완료) 먹었다.

– 조동사

သွားကြ။ [thwa:kya.]　　→ [thwa:gya.] 똬:자.　　(청유) 가자.

လာခဲ့ပါ။ [lahkɛ.ba]　　→ [lagɛ.ba] 라개.바　　(가까운 미래) 오세요.

စားချင်တယ်။ [sa:chindɛ]　→ [sa:gyindɛ] 싸:진대　　먹고 싶다.

တွေ့ဖူးတယ်။ [thwe.hpu:dɛ]　→ [thwe.bu:dɛ] 뛔.부:대　(경험) 만난 적 있다.

လိုသေးတယ်။ [louthe:dɛ]　→ [loudhe:dɛ] 로데:대　　필요로 하다.

သွားတော့မယ်။ [thwa:tɔ.mɛ] → [thwa:dɔ.mɛ] 똬:도.(더.)매　이제 가겠습니다.

3 동사(또는 형용사)가 반복되어 부사로 될 때 초성음 뒤 후치하는 초성자음이 유성음화됨.

ဖြည်းဖြည်း [hpyɛ:hpyɛ:]　　　　→ [hpye:bye:] 피얘:비얘:　　　천천히

ကြိုးကြိုးစားစား [kyou:kyou:sa:sa:] → [kyou:gyou:sa:za:] 쪼:조:싸:자:　열심히

4 수를 나타내는 수사와 수량을 표시하는 유별사(지시사, 수량사)가 결합할 경우 수사 뒤 유
별사의 초성자음이 유성음화됨.

ခွေး ငါးကောင် [hkwe:ŋa:kaun] → [hkwe:ŋa:gaun] 퀘:응아:가웅　　개 다섯마리

ထမင်း သုံးပွဲ [htəmin:thoun:pwɛ:] → [htəmin:thoun:bwɛ:] 터민:똥:봬:　　밥 세그릇

5 특정 형태의 명사(အ＋N)에서 전치하는 အ가 생략되고 후치하는 단어가 무기음으로 시작
될 경우 유성음화됨. 다음은 그 사례 중 일부임.

အခ	급료	လခ [la.hka.]	→ [la.ga.] 라.가.	월급
အခန်း	방	ရေချိုးခန်း [yechou:hkan:]	→ [yechou:gan:] 예초:강:	욕실
အဆုံး	끝	လမ်းဆုံး [lan:hsoun:]	→ [lan:zoun:] 랑:종:	사거리
အပူ	열(熱)	ရေပူစမ်း [yepusan:]	→ [yebusan:] 예부산:	온천
အသား	육고기	ဘဲသား [bɛ:tha.]	→ [bɛ:dha.] 배:다.	오리고기
အသီး	과일	ပန်းသီး [pan:thi:]	→ [pan:dhi:] 빤:디:	사과

6 두 개 이상의 품사가 합쳐진 복합어일 경우 두 번째 단어의 초성자음이 유성음화됨.

(명사+명사) ကျောင်းသား [kyaun:tha:]　　학생

ကျောင်း [kyaun / 짜웅:] 학교 + သား [tha: / 따:] 아들 → [kyaun:dha:] 짜웅:다:

(명사+동사(형용사)) ခြေထောက် [chehtau?]　　(동물) 다리

ခြေ [che/ 치] 발 + ထောက် [htau? / 타웃?] 지지하다. → [che (chi) dau?] 치다웃?

※ ခြေ의 원래 발음은 [che, 체]이지만, 실제 발음은 '치'[chi]이다. ေ + ◌ / ◌ 의 조합
의 경우 [e] 발음이 [i]로 나는 경우가 일반적이다.

(동사(형용사)+동사(형용사)) လုံချည် [lounchi] 롱지(미얀마 전통 통치마)

လုံ [loun] 롱 둘러싸다 + ချည် [chi] 치 둘러싸다 → [loungyi] 롱지

34

1 폐쇄음(-?)으로 끝나는 모음 가운데 က် / စ် / တ် / ပ် 다음에 위치하는 초성자음에
  는 유성음화가 발생하지 않는다.

တပ်စု [ta?su.] 땃?쑤.   대대(大隊)

စာဖတ်တယ်။ [sahpa?tɛ] 싸팟?때   읽다.

ကြောင်ခြောက်ကောင် [kyaunchau?kaun] 짜웅차웃?까웅   고양이 여섯마리

နာနတ်သီး [nana?thi:] 나낫?띠: 파인애플

အလုပ်သမား [əlou?thəma:] 어-ㄹ롯?떠마: 노동자

ထောက်ခံတယ်။ [htau?hkandɛ] 타웃?캉대   지원하다, 지지하다

2 위 범주에 속하지 않는 자음(독립 자음과 သ 를 제외한 P열 이후 7개 자음)에서는 유
  성음화가 발생하지 않는다.

မြန်မြန် [myanmyan] 먄먄   빨리

---

3 음절약화와 유성음화가 동시에 발생하는 형태

일러두기

- -

စကား

위 단어의 발음은 '사.까:'[sa.ka:]가 아니라 '저가:'[zəga:]이다. 첫 음절의 စ [sa.]는 음절약화와 유
성음화로 [zə]가 되고, 첫 음절이 개음으로 끝났기 때문에 두 번째 음절의 첫 자음 က [ka.]도
[ga.]로 유성음화된다.

이처럼 2음절 이상 단어에서 각 음절의 초성자음이 무기음으로 시작할 때 대부분 각 음절의 초
성 자음과 모음은 음절약화와 유성음화가 동시에 발생한다. 음절약화와 유성음화에 유의하면서
다음 단어들을 읽어 보자.

- -

ကစား [gəza:] 놀이, 놀다.   ကတိ [gədi.] 약속

ခုတင် [gədin] 침대   စပေါ် [zəbɔ] 보증금

စားပွဲ [zəbwe:] 책상   ဆံပင် [zəbin] 머리카락

တပည့် [dəbɛ.] 제자, (1인칭) 승려　　　တံခါး [dəga:] 문(門)

ပါးစပ် [bəzaʔ] 입술　　　　　　　　ပုစွန် [bəzun] 새우

ပဲခူး [bəgou:] (지명) 버고　　　　　ပန်းကန် [bəgan] 그릇

သတင်းစာ [dhədin:za] 신문

④ 복합자음

일러두기 ┈┈┈

မင်္ဂလာပါ။

미얀마어를 모르는 사람도 인사말 "밍글라바"는 들어봤을 것이다. 위 문장은 "밍글라바"를 미얀마어로 표기한 것이다. 지금까지 공부한 내용을 참고했을 때 이상한 점을 발견했는가?

두 번째 음절 초성자음 ဂ 위에 벌레처럼 생긴 ်를 발견했을 것이다. 이 부호의 명칭은 '벌레가 글자 위에 올라 탄' 의미로 ကင်းစီး [kin:zi:] 낀:지:라고 부른다. 미얀마어에는 빨리어 사용의 전통이 있기 때문에 자음이 상하로 배치되는 사례가 적지 않다. 이를 복합자음이라고 부른다. 복합자음은 [낀:지:] 이외에도 동일한 자음, 자음의 배열순서가 연속할 경우 발생한다.

복합자음의 발음법은 복합자음의 위에 위치한 자음이 앞 자음과 결합하면서 ် အသတ် [əthaʔ] (어땃?) 형태로 변한다. 예를 들어 မင်္ဂလာပါ။ 를 풀어 쓸 경우 မင်+ဂလာပါ။ 이다.
그 외 복합자음은 다음과 같다.

┈┈┈

복합자음	사용 예	실제발음	의미
က္က က္ခ ဂ္ဂ	တက္ကသိုလ် ဒုက္ခ သမဂ္ဂ	တက်ကသိုလ် [tɛʔka.thou] 땍?까.또 ဒုက်ခ [douʔhka.] 도욱?카. သမက်ဂ [thəmɛʔga.] 떠멕?가.	대학교 곤경 연합
စ္စ စ္ဆ ဇ္ဇ ဇ္ဈ ဉ္စ ည	ပစ္စည်း တိရစ္ဆာန် ဝိဇ္ဇာ မဇ္ဈိမ ပဉ္စမ သုည	ပစ်စည်း [pyiʔsi:] 삣?씨: တရိစ်ဆာန် [təreiʔhsan] 떠레잇?상 ဝိဇ်ဇာ [weiʔza] 웨잇?자 မဇ်ဈိမ [miʔzi.ma.] 밋?지.마. ပဉ်စမ [pyinsəma.] 삔써마. သုဉ်ည [thounnya.] 똥냐. ※ ည 는 ဉ +ဉ 임.	사물, 물건 동물 문과(文科), 초자연적힘 중도(中道)의 (서수) 다섯 번째 (숫자) 0

복합자음	사용 예	실제발음	의미
ဋ္ဌ	အဋ္ဌမ	အဉ့်ဌမ [aʔhtəma.] 앗?터마.	(서수) 8번째
		※ ဋ္ဌ 는 ဋ+ဌ 임.	
က္ဏ	ကဏ္ဍဇ	ကဏ်ဌဇ [kanhtəza.] 깐터자.	성문폐쇄음
ကဏ္ဍ	ကဏ္ဍ	ကဏ်ဍ [kanda.] 깐다.	섹션, 부분
ကဏ္ဏ	ပုဏ္ဏား	ပုဏ်ဏား [pounna:] 뽕나:	브라만
တ္တ	သတ္တု	သတ်တု [thaʔtu.] 땃?뚜.	광물
ဝတ္ထု	ဝတ္ထု	ဝတ်ထု [wuʔhtu.] 윗?투.	소설
ဒ္ဒ	သဒ္ဒါ	သဒ်ဒါ [dhəda] 더다	문법
ဒ္ဓိ	သိဒ္ဓိ	သိဒ်ဓိ [theiʔdi.] 떼잇?디.	마술적 힘
န္တ	မန္တလေး	မန်တလေး [mandəle:] 만더-ㄹ레:	만달레
န္ဒ	ဆန္ဒ	ဆန်ဒ [hsanda.] 산다.	욕구, 소망
န္နဲ	ပိန္နဲ	ပိန်းနဲ [pein:nɛ:] 뻬잉:내:	잭플룻(jack fruit)
ပ္ပ	သိပ္ပံ	သိပ်ပံ [theiʔpan] 떼잇?빵	과학, 이과
ဗ္ဗ	သဗ္ဗညု	သဗ်ဗျ၉ဉု [thaʔbyinnyu.] 땃?빈뉴	땃빈뉴 사원
မ္ဗ	ဇမ္ဗု	ဇမ်ဗု [zəbu] 저부	(불교) 전설의 섬
မ္ဘ	ကမ္ဘာ	ကမ်ဘာ [gəba] 거바	세계
မ္မ	ဓမ္မ	ဓမ်မ [dəma.] 더마.	정법(正法)
လ္လ	ပလ္လင်	ပလ်လင် [pəlin] 뻐-ㄹ린	왕좌
ဿ	မနုဿ	မနုဿ [mənouʔtha.]	(불교) 인간
		※ ဿ 는 သ+သ 임.	
၉်	အက်ႄ္	အင်းကႄ္ [in:gyi] 인:지	윗옷
၉်	သၚ္ခ	သၚ်ၡ [thincha] 띤차	수학
၉်	ဒၚ္ဂါး	ဒၚ်းဂါး [din:ga:] 딘:가:	동전
၉်	သဘၚ္	သၚ်းဘော [thin:bɔ:] 띤:보:	배(큰 선박)
၉်	တနလၚ္ေ	တနၚ်းလာနေ့ [thənin:lane.] 떠닌:라네.	월요일
၉်	ခ္ၚေသ့	ခ္ၚၚ်သ့ [chindhe.] 친데.	사자

1 성문폐쇄음 종성자음 중 [aʔ], [an]이 [w], [wn]과 결합할 경우 그 발음은 [waʔ], [wan]이 아니라 [wuʔ], [wun]이다.

문자	틀린 발음	맞는 발음	사례	
ဝတ် / ဝပ်	[waʔ] 왓?	[wuʔ] 웃?	အဝတ် [əwuʔ] 어웃?	옷
ဝန် / ဝမ် / ဝံ	[wan] 완(왕)	[wun] 원(웡)	ဝန်ကြီး [wungyi:] 원지:	장관
			ဝမ်းသာ [wun:tha] 원:따	즐거운
			ဝက်ဝံ [wɛʔwun] 웻?:웡	곰
ကွတ်	[kwaʔ] 꽛?	[kuʔ] 꿋?	မင်းကွတ်သီး [min:guʔthi:] 밍:굿?띠:	망고스틴
စွပ်	[swaʔ] 쏺?	[suʔ] 쑷?	စွပ်စွဲတယ်။ [suʔswɛ:dɛ] 쑷?쐐:대	고발하다, 기소하다
တွန်း	[twan:] 똰:(똸:)	[tun:] 뚠:(뚱:)	တွန်းတယ်။ [tun:dɛ] 뚠:(뚱:)대	밀다
ကွမ်း	[kwan:] 꽌:(꽝:)	[kun:] 꾼:(꿍:)	ကွမ်းယာ [kun:ya] 꿍:야	입담배
ရွှံ့	[shwan.]	[shun.]	ရွှံ့ [shun.] 슌.(슝.)	점토, 진흙

예외

န်과 မ်의 구분

위 두 문자 같은 종성자음 음가를 가진다. 그러나 후자는 주로 외래어에 사용되고, ◌မ်는 [-un]이 아니라 원래 발음인 [-wan]로 발음하는 경우도 있다.

ကျွမ်းကျင်တယ်။ [kywan:kyindɛ] 쫭:찐대   능숙하다.

စွမ်းအင် [swan:in] 쏺:잉   에너지, 역량

ဆွမ်း [hsun:] 숭: 공양

영어로 발음을 표기할 경우 န်가 [-n]인 반면 မ်는 [-m]이다. 참고로 샨족 남성들의 이름과 샨족 지명에는 전자보다 후자가 더 많이 사용된다.

전 부통령(2011-2016)인 싸잉마웃칸의 영어 표기는 Sai Mauk Kham이지만 미얀마어 표기는 စိုင်းမောက်ခမ်း [sain:mauʔhkan] 이다.

2   외래어(영어, 산스크리트어, 빨리어 등)에서 [r] 발음은 ရ[ya.gauʔ] 또는 ☐[ya.yiʔ]로 표기
    한다.

    ကိုရီးယား [kouri:ya:]   한국(영어)

    ထြိ [tri.]   3(영어)

    ပါရဂူ [paɹa.gu]   전문가, 박사학위(빨리어)

3   동일한 성문폐쇄음 부호가 연속해서 반복될 경우 하나를 생략하기도 한다.

    ယောက်ျား [yauʔkya:]   남성, 남편 → ယောက် [yauʔ] 사람 + ကျား [kya:] 남성

    လက်ျာ [lɛʔya]   오른손잡이(참모와 같은 핵심인사) → လက် [lɛʔ] + ယာ [ya]

    စကြာမင်း [sɛʔkyamin:] (불교) 전륜성왕(轉輪聖王) → စက် [sɛʔ] + ကြာ [kya] + မင်း [min:]

    သောကြာ [thauʔkya]   금요일 → သောက် [thauʔ] + ကြာ [kya]

    ကျွန်ုပ် [kyənouʔ]   (남성 1인칭) 나(구어체 표기법)→ ကျွန် [kyun] + နုပ် [nouʔ]

4   2음절 이상의 단어에서 첫 음절의 종성이 성문폐쇄음일 때 두 번째 음절의 영향을 받은 첫
    번째 음절의 종성 음가는 사라지고, 두 번째 음절의 음가도 변한다. 두 번째 음절의 음가는
    각 열의 5번째 독립문자의 발음이 된다.

    ကျွန်တော် [kyuntɔ] 쭌또 → [kyənɔ] 쩌노   (화자 남성) 1인칭 나

    ※ 구어체에서 소리대로 ကျနော် 로 표기하는 경우도 있으나 가급적 사용하지 않도록 함.

    ခင်ဗျား [hkinbya:] 킹뱌: → [hkəmya:] 커먀: (화자 남성) 2인칭 당신

    ※ 문장의 마지막에 ခင်ဗျား(또는 ခင်ဗျာ၊ ဗျာ [bya])를 붙이면 화자의 말을 잘 듣지 못했
       거나 이해하지 못해 재차 언급해 달라는 겸양, 겸손의 표현이 된다. 단독으로 쓰면 상대
       방의 호출에 대한 대답이다.

5   한 단어에서 두 개의 발음이 나는 경우

    ကလေး   [hkəle:]   아이

                [kəle:/gəle:] 작은

    ကိုက်   [kaiʔ]   물다, 자르다

                [gaiʔ]   마당, 운동장

ချို	[chou]	맛이 단
	[gyou]	뿔
ခေါင်း	[hkaun:]	관(罐)
	[gaun:]	머리
စောင်	[saun]	담요, 이불
	[zaun]	(유별사) 신문, 편지의 장
ဆောင်	[hsaun]	이끌다, 행하다
	[zaun]	견인
ထောင့်	[htaun.]	거슬리다, 굴곡이 있다
	[daun.]	코너, 앵글
ရယ်	[yɛ]	그리고, 또한
	[yi]	웃다

6 특수한 단어들

(1) 불교와 관련된 명사 중 P열에 포함된 자음이 들어가는 단어의 발음은 중 일부는 'ㅍ'[hp]
로 발음한다.

ဘုန်းကြီး	[hpoun:gyi:]	승려
ဘုရား	[hpəya:]	불탑, 부처
cf. ပုထိုး	[pəhtou:]	불탑(출입 가능)

(2) P열 자음과 모음 [iʔ], [in]이 결합할 때 [y] 음가가 추가된다.

နောက်ပစ် [nauʔpyiʔ]	모음 부호('ɛ' 발음)
ပညာ [pyinnya]	학문
ပစ္စုပ္ပန် [pyiʔsouʔpan]	현재
သဗ္ဗညု [thaʔbyinnyu.] 땃빈뉴	사원(버강소재)

40

(3) 기타 단어

ထဘီ [htəmein]	여성용 통치마
ဘီး [bein:]	바퀴(wheel)
မင် [hmin]	문신
မြိတ် [beiʔ]	베익(남부지역 도시)

6 **문장부호:**

미얀마어에는 쉼표, 마침표, 물음표가 없는 대신 고유 문장 부호를 사용한다. 아울러 미얀마어는 띄어쓰기 원칙이 없고, 한 문장을 시작할 경우 한 줄의 약 1/3 정도를 내어 쓴다.

쉼표	၊	ပုဒ်သေး [pouʔthe:] 또는 ပုဒ်ကလေး [pouʔkəle:]
마침표	။	ပုဒ်မ [pouʔma.] 또는 ပုဒ်ကြီး [pouʔkyi:] 또는
		ပုဒ်မကြီး [pouʔma.gyi:]
괄호	( )	ကွင်း [gwin:] 또는 ကွင်းသေး [gwin:dhe:]
		또는 လက်သည်းကွင်း [lɛʔthɛ:gwin:]
	( ), { }, [ ]	ကွင်း [gwin:]
	{ }	ကွင်းလတ် [gwin:laʔ] 또는 တွန့်ကွင်း [tun.gwin:]
	[ ]	ကွင်းကြီး [gwin:gyi:] 또는 ထောင့်ကွင်း [dau.gwin:]

안녕하세요.
မင်္ဂလာပါ။

စကားပြော   🎧 1-1

မင်္ဂလာပါ။
밍그-ㄹ라바
안녕하세요.

နေကောင်းသလား။
네   까웅: 더-ㄹ 라:
건강하십니까?

နေကောင်းရဲ့လား။
네   까웅: 얘.-ㄹ 라:
건강하십니까?

နေကောင်းပါတယ်။
네   까웅: 바 대
건강합니다.

နေမကောင်းပါဘူး။
네   머까웅: 바 부:
건강하지 않습니다.

ဘယ်သွားသလဲ။
배   따: 더-ㄹ 래:
어디가십니까?

စားပြီးပြီလား။
싸: 삐: 비-ㄹ라:
식사하셨습니까?

စားပြီးပါပြီ။
싸: 삐: 바 비
먹었습니다.

မစားသေးပါဘူး။
머싸: 데: 바   부:
아직 안 먹었습니다.

သွားမယ်။
따: 매
(화자) 가겠습니다.

---

*형용사에 종조사 တယ်။ (구어체)가 붙으면 동사가 된다.

မင်္ဂလာ   영광스러운

နေ   태양, 머무르다, 살다, (진행) ~중이다

ကောင်းတယ်။   좋다

ဘယ်   (의문사) 어디, 어떤

သွားတယ်။   가다, 치아

စားတယ်။   먹다

ပြီး   (순접) ~하고 나서

ပြီ။   (종료) 끝나다

ခွင့်   허가, 특권

ခွင့်လွှတ်   용서를 구하다, 양해하다, 변명하다

ပြ   (행위) 행동하다

နောက်   다음, 후(後), 뒤

မှ   (시간, 장소) ~로부터, ~에서 시작하여

ပြန်   다시, 재차, 돌아오다

တွေ့တယ်။   만나다

သွားတော့မယ်။

뚜: 도. 매

(화자) 가겠습니다.

ခွင့်လွှတ်ပါ။

큉. 흘룻? 빠

(화자) 가겠습니다.
(허가해 주십시오.)

ခွင့်ပြုပါဦး။

큉. 뿌. 바옹:

(화자) 가겠습니다.
(허가해 주십시오.)

နောက်မှ ထပ် တွေ့ကြမယ်။

나웃?흐마. 탓? 뛔.자.매

다음에 다시 뵙겠습니다.

ကောင်းပါပြီ။

까옹: 바 비

안녕히 가세요.(좋습니다.)

သဒ္ဒါ

1 문장의 형태(1)

| 서술문과 의문문 |

	단순긍정	단순부정	단순의문		부정의문
과거, 단정, 확실	명사-ပါ။(현재) 동사-တယ်။	명사-မဟုတ်ဘူး။ မ-동사-ဘူး။	(위) 의문사 × (아래) 의문사 ○	동사-(သ)လား။ 동사-(သ)လဲ။	မ-동사-ဘူးလား။ မ-동사-ဘူးလဲ။
미래, 추측, 불확실	동사-မယ်။	မ-동사-ဘူး။		동사-မလား။ 동사-မလဲ။	မ-동사-ဘူးလား။ မ-동사-ဘူးလဲ။
현재 시점의 사실 (완료형)	동사-ပြီ။	မ-동사-ဘူး။		동사-ပြီလား။ 동사-ပြီလဲ။	မ-동사-ဘူးလား။ မ-동사-ဘူးလဲ။

| 종조사의 변화 |

원형	의문형	수식형	명사화 접미사
–တယ်။	–သ–	–တဲ့ + 명사	–တာ
–မယ်။	–မ–	–မယ့် + 명사	–မှာ

2 단순긍정

၁။ ကျွန်တော် ဆရာပါ။ 나는 선생님입니다.
짜노 서야 바

၂။ ဒါဟာ သရက်သီး မဟုတ်ဘူး။ သင်္ဘောသီး။ 이것은 망고가 아닙니다. 파파야.
다하 떠옛?띠: 머호웃?푸: 띤:보:디:

⊙ 밑줄처럼 종조사 없이 명사만으로도 문장은 성립된다.

၃။ လေတိုက်တယ်။ 바람이 붑니다.
레 따잇?때

သရက်သီး 망고

သင်္ဘောသီး [thin:bɔ:dhi:] 파파야

လေ 바람, 방귀

တိုက်တယ်။ 치다, (바람) 불다

လေတိုက်တယ်။ 바람이 불다

မနေ့(က) 어제

မိုးရွာတယ်။ 비가 오다

မနက်ဖြန်၊ နက်ဖြန် 내일

ဈေး 시장

ကျောင်း 학교, 사원

ထမင်း 밥

၄။ မနေ့က မိုးရွာတယ်။ 어제 비가 왔습니다.
머네.가.   모:유와대

၅။ မနက်ဖြန် ဈေးသွားမယ်။ 내일 시장에 갈 것입니다.
머넷?퍙   제: 똬:매

၆။ မိုးရွာမယ်။ 비가 올 것 같습니다.
모:유와매

၇။ စားပြီးပြီ။ 방금(막) 먹었습니다.
싸: 삐: 비

---

3 **단순부정**

၁။ ကျွန်တော် ဆရာ မဟုတ်ဘူး။ 나는 선생님이 아닙니다.
쩌노   서야   머호웃?푸:

၂။ လေမတိုက်ဘူး။ 바람이 안 붑니다.
레   머따잇?푸:

၃။ မနက်ဖြန် ကျောင်း မသွားဘူး။ 내일 학교에 가지 않습니다.
머넷?퍙   짜웅: 머따:부:

၄။ ထမင်း မစားဘူး။ 밥을 먹지 않았습니다.
터민: 머싸:부:

အသုံးပြု

🎧 1-2

1 만날 때 인사

မင်္ဂလာပါ။	안녕하세요.
밍그-ㄹ라바	
မင်္ဂလာပါ ခင်ဗျား။ (남)	
밍그-ㄹ라바　커먀:	
မင်္ဂလာပါ ရှင်။ (여)	
밍그-ㄹ라바　싱	
အားလုံး မင်္ဂလာပါ။ (단체대상)	
아:-ㄹ롱:　밍그-ㄹ라바	
နေကောင်းသလား။	건강하십니까?
네　까웅:　더-ㄹ 라:	
နေကောင်းရဲ့လား။	건강하십니까?
네　까웅:　얘.-ㄹ 라:	
နေကောင်းပါတယ်။	건강합니다.
네　까웅:　바 대	
နေမကောင်းပါဘူး။	건강하지 않습니다.
네　머　까웅:　바 부:	
ဘယ် သွားသလဲ။	어디 가십니까?
배　똬:　더-ㄹ래:	
စားပြီးပြီလား။	식사하셨습니까?
싸:　삐:　비-ㄹ라:	
တွေ့ရတာ ဝမ်းသာပါတယ်။	만나서 반갑습니다.
뛔.　야.다　원:따　바 대	
မတွေ့ရတာ ကြာပြီ။	오랜만입니다
머　뛔.　야.다　짜　비	

အလုပ်များနေလို့ပါ။
어-ㄹ로웃? 먀: 네-ㄹ로.바

바빴습니다

ကြိုဆိုပါတယ်။
쪼 소 바 대

환영합니다

2 헤어질 때 인사

သွားမယ်။
똬: 매

(화자) 가겠습니다.

သွားတော့မယ်။
똬: 도. 매

(화자) 가겠습니다.

ခွင့်လွှတ်ပါ။
퀑. 흘룻? 빠

(화자) 가겠습니다.

ခွင့်ပြုပါဦး။
퀑. 쀼. 바옹:

(화자) 가겠습니다.

နောက်မှ ထပ် တွေ့ကြမယ်။
나웃?흐마. 탓? 뛔.자.매

다음에 다시 뵙겠습니다.

မနက်ဖြန် တွေ့ပါမယ်။
머넷?퍙 뛔. 바 매

내일 뵙겠습니다.

ကောင်းပါပြီ။
까옹: 바 비

(인사를 받는 측)
안녕히 가세요.(좋습니다.)

3 감사 및 유감 표시

| ကျေးဇူးတင်ပါတယ်။ | 감사합니다. |
| 쩨: 주: 띤 바 대 | |

| ကျေးဇူး အများကြီး တင်ပါတယ်။ | 대단히 감사합니다. |
| 쩨: 주: 어 먀: 지: 띤 바 대 | |

| အများကြီး ကျေးဇူးတင်ပါတယ်။ | 대단히 감사합니다. |
| 어 먀: 지: 쩨: 주: 띤 바 대 | |

| ကျေးဇူးပါ။ | 고마워. |
| 쩨: 주: 바 | |

| ကိစ္စမရှိပါဘူး။ | 천만해요. 괜찮습니다. |
| 께잇?싸.머시.바부: | (일 없습니다.) |

| ရပါတယ်။ | 천만해요. 괜찮습니다. |
| 야. 바 대 | |

| မလိုပါဘူး။ | 천만해요. 괜찮습니다. |
| 머-ㄹ로바부: | (필요치 않다.) |

| အားနာတယ်။ | 미안합니다.(겸양, 겸손) |
| 아:나대 | |

| ဆောရီးပါ။ | 미안합니다.(영어식 표현) |
| 소:리:바 | |

ကျေးဇူး 감사

ကျေးဇူးတင်တယ်။
감사하다

အများကြီး
(최상급) 수나 양이 최고

ပေးတယ်။ 주다

ကိစ္စ 일, 용건

လိုတယ်။
수요가 있다, 필요하다

ရတယ်။
(겸양, 사양) 괜찮다, 가능하다

အားနာ
(겸양, 사양) 미안하다, 사려 깊다

ဆောရီး 안된, 유감스러운
(영어의 sorry)

လေ့ကျင့်ခန်း

1 다음 빈칸에 알맞은 단어를 넣어 문장을 완성하시오.

1 _____ ။   안녕하세요.

2 မနက်ဖြန် _____ ။   내일 뵙겠습니다.

3 _____ ။   어디 가세요?

4 _____ ။   식사하셨어요?

5 _____ ။   (인사를 받은 측) 안녕히 가세요.

2 다음 문장을 한국어로 옮기시오.

1 ကျွန်မ မစုစုပါ။

----

2 ကျွန်တော် စာဖတ်တယ်။

----

3 ပုစွန်ထမင်းကြော် စားမယ်။

ရောက်တယ်။ 도착하다
ခေါက်ဆွဲ 국수
ကြိုက်တယ်။ 좋아하다

4 ဆရာ ရောက်ပြီ။

----

5 ခေါက်ဆွဲ မကြိုက်ဘူး။

ဘယ်က လာသလဲ။

စကားပြော

🎧 2-1

ဘယ်က လာသလဲ။ 배 가. 라 더-ㄹ래:	어디서 오셨습니까? (국적, 출발)
အိမ်က လာပါတယ်။ 에잉 가. 라 바 대	집에서 왔습니다.
ဂျပန်က လာပါတယ်။ 자.빵 가. 라 바 대	일본에서 왔습니다. (일본 출신)
ရှင် ဘာ လူမျိုးလဲ။ 싱 바 루묘: 래:	당신은 어느 나라 사람입니까?
တစ်ယောက်တည်း လာသလား။ 떠 야웃? 태: 라 더-ㄹ라:	혼자서 왔습니까?
မဟုတ်ပါဘူး။ သူငယ်ချင်းနဲ့ 머 호옷? 빠 부: 떵애진: 내.	아닙니다. 친구와 함께 왔습니다.
လာပါတယ်။ 라 바 대	
ဒါ ဘာလဲ။ 다 바-ㄹ래:	그것은 무엇입니까?
အဲဒါ မြန်မာနိုင်ငံရဲ့ အလံတော်ပါ။ 애:다 먄마 나잉앙얘. 어-ㄹ랑도 바	그것은 미얀마 국기입니다.
ဒါဟာ ကျွန်တော့် လွယ်အိတ် 다하 쩌노. 르왜에잇?	저것은 제 어깨가방이 아닙니까?
မဟုတ်ဘူးလား။ 머 호옷?부:-ㄹ라:	

ဝေါဟာရများ

လာတယ်။
(동작, 상황) 오다

အိမ် 집

ဂျပန် 일본, 일본의

ဘာ (의문사) 무엇, 어떤

ယောက် (사람) 명
cf. **ပါး** (승려) 명
ဦး (존칭) 분, (문어체) 명

ထဲ (ㅁ)/**တည်း** [hte:](文)
(접미사) ~뿐, 단지, 오직

သူငယ်ချင်း [thəŋɛgyin:]
친구

ဒါ (지시사) 그것

အဲဒါ (지시사) 앞서 말한 그것

အလံ 깃발

လွယ်အိတ် 어깨가방

သဒ္ဒါ

1 문장의 형태(2)

| 서술문과 의문문 |

	단순긍정	단순부정	단순의문		부정의문
과거, 단정, 확실	명사-ပါ။(현재) 동사-တယ်။	명사-မဟုတ်ဘူး။ မ-동사-ဘူး။	(위) 의문사 × (아래) 의문사 ○	동사(သ)လား။ 동사(သ)လဲ။	မ-동사-ဘူးလား။ မ-동사-ဘူးလဲ။
미래, 추측, 불확실	동사-မယ်။	မ-동사-ဘူး။		V-မလား။ V-မလဲ။	မ-동사-ဘူးလား။ မ-동사-ဘူးလဲ။
현재 시점의 사실 (완료형)	동사-ပြီ။	မ-동사-ဘူး။		V-ပြီလား။ V-ပြီလဲ။	မ-동사-ဘူးလား။ မ-동사-ဘူးလဲ။

| 종조사의 변화 |

원형	의문형	수식형	명사화 접미사
-တယ်။	-သ-	-တဲ့ + 명사	-တာ
-မယ်။	-မ-	-မယ့် + 명사	-မှာ

2 단순의문

의문사의 유무에 따라 문장 끝에 의문형 종조사 လား 또는 လဲ를 붙인다. 의문문에서 서술문의 종조사 တယ်는 သ 로 변환되지만, 구어체에서는 대부분 생략된다.

၁။ သူ ခင်ဗျား အဖေလား။ 그는 당신의 아버지입니까?
　　뚜　　커먀:　　어페-ㄹ라:

၂။ ဘာ လုပ်သလဲ။ 무엇을 했습니까?
　　바　　로웃? 떠-ㄹ래:

၃။ အိမ်ကို သွားမလား။ 집에 갈겁니까?
　　에잉고　　똬: 머-ㄹ라:

51

၄။ ဘယ်နှနာရီမှာ ထွက်မလဲ။ 몇 시에 출발합니까?
배　　흐녀나이흐마　튁?머-ㄹ래:

၅။ အတန်း ပြီးပြီလား။ 수업이 끝났습니까?
어땅:　　삐:비-ㄹ라:

၄။ အသက် ဘယ်လောက် ရှိပြီလဲ။ 나이가 몇 살입니까?
어뗏?　　배-ㄹ라웃?　　시.비-ㄹ래:

3　부정의문

부정문을 기본 문형으로 하고, 의문사의 유무에 따라 문장 끝에 의문형 종조사 လား 또는 လဲ를 붙인다.

၁။ သူ ခင်ဗျား အဖေ မဟုတ်ဘူးလား။ 그는 당신의 아버지가 아닙니까?
뚜　커먀:　　어페　　머호웃?푸:-ㄹ라:

၂။ သန်ဘက်ခါ သူ့နဲ့ မတွေ့ဘူးလား။ 모레 그를 만나지 않을 겁니까?
떠벳?카　　뚜.내.　머뛔.　부:-ㄹ라

4　수식형(연체형)

တယ်는 တဲ့, မယ်는 မယ့်로 각각 변형되어 앞에서 뒤를 수식하는 형태이다.

၁။ မေမေ ကြော်တဲ့ ထမင်းကြော် စားတယ်။ 엄마가 해준 볶음밥을 먹었습니다.
메메　　쪼대.　　터민:조　　싸:대

၂။ လာမယ့် ကျောင်းပိတ်ရက်မှာ မြန်မာနိုင်ငံကို သွားမယ်။
라매.　　짜웅:삐잇?옛?흐마　　먄마나잉앙고　　똬:매
오는 방학에 미얀마를 갈 것입니다.

၃။ သူယူမယ့်အိတ်ထဲမှာ ဘာမှမရှိဘူး။ 그가 가져갈 가방에 아무것도 없을 것입니다.
뚜 유매.　　에잇?태:흐마　　바흐마.머시.부:

အဖေ 아버지

လုပ်တယ်။ 일하다

အိမ် 집

နာရီ 시계, 시간

အတန်း 수업, 강의

အသက် 나이, 연령

သန်ဘက်ခါ
[thəbɛʔhka] 모레

ကြော်တယ်။ 볶다

ထမင်းကြော် 볶음밥

ကျောင်းပိတ်ရက် 방학

ပိတ်တယ်။ 닫다

အိတ် 가방

5 동사의 명사화

절 만들기로서 의문문의 သ, 평서문의 တယ်가 တာ로 명사화되고, 화자의 강한 의지를 표현할 경우에는 ရဲ့로 변형된다. 마찬가지로 မယ်도 미래와 추측의 의미로 명사화하여 မှာ가 된다.

သဘောတူတယ်။
동의하다

သဘော 성격, 태도

ဝယ်တယ်။
구매하다, 사다

မှတ်ထားတယ်။
적다, 기록하다

ကြို 미리 ~하다

ဆရာဝန် 의사

၁။ ကျွန်တော် ပြောတာ သဘောတူလား။ 제가 말한 것에 동의합니까?
　　쩌노　　뽀:다　　　더보:뚜-ㄹ라:

၂။ ငါ ဝယ်မှာတွေ မှတ်ထားတယ်။ 내가 구매할 것을 적어두었습니다.
　　응아　왜흐마뒈　　흐맛가타:대

၃။ သူ ပြောမှာ ကျွန်တော် ကြို သိပြီးပြီ။ 그가 말할 것을 저는 미리 알았습니다.
　뚜　뽀:흐마　쩌노　　쪼　띠.바:비

6 기타 표현

(1) 한정형

၁။ အဲဒါပါပဲ။ 그것뿐이에요.
　애:다바배:

*이 표현은 전화 통화할 때 전화를 건 사람이 통화를 종료할 때 쓴다. 전화를 받은 사람이 먼저 ဒါပဲနော်။("용건을 다 말했습니까?")라고 물었을 경우의 대답이다.

(2) 강력한 단정 또는 미래형

၁။ သူက ဆရာဝန်မှာပဲ။ 그는 의사가 확실합니다.
　뚜가.　　서야웡흐마배:

၂။ သူ ကျောင်း လာမှာပါပဲ။ 그는 확실히 등교할 것입니다.
　뚜　짜웅:　　라흐마바배:

အသုံးပြု

🎧 2-2

| 의문사의 종류와 표현 |

의문사	미얀마어	예문
언제	과거 ဘယ်တုန်းက 배동:가.	ဘယ်တုန်းက ကိုရီးယားကို ပြန်လာသလဲ။ 배동:가. 꼬리:야:고 빵 라 더-ㄹ래: 언제 한국으로 돌아왔습니까?
	미래 ဘယ်တော့ 배도.	ဆေးလိပ်သောက်တာ ဘယ်တော့ ဖြတ်မလဲ။ 세:레잇? 따옷?따 배도. 퓻?머-ㄹ래? 언제 금연하실 겁니까?
어디서	ဘယ်မှာ 배흐마	ကျွန်တော်တို့ ဘယ်မှာ တွေ့မလဲ။ 쩌노도. 배흐마 뛔.머-ㄹ래: 우리 어디에서 만날까요?
누가	ဘယ်သူ 배(버)두	ဘယ်သူက ခေါင်းဆောင်လဲ။ 배(버)두가. 가웅:자웅래: 누가 대표입니까?
무엇을	ဘာ 바	စားပွဲပေါ်မှာ ဘာ တင်ထားသလဲ။ 저꽤: 보흐마 바 띤 타:더-ㄹ래: 책상 위에 무엇을 두었습니까?
어떻게	ဘယ်လို 배-ㄹ로	ခင်ဗျား နာမည် ဘယ်လို ခေါ်သလဲ။ 커먀: 나매 배-ㄹ로 커더-ㄹ래: 당신 이름은 무엇입니까?(당신 이름을 어떻게 부릅니까?)
왜	ဘာဖြစ်လို့ 바 핏?로.	ဘာဖြစ်လို့ နောက်ကျသလဲ။ 바 핏?로. 나옷?짜. 더-ㄹ래: 왜 지각했습니까?
얼마	양 ဘယ်လောက် 배(버)-ㄹ라웃?.	ဒီ ကွန်ပျူတာ ဘယ်လောက် ပေးရမလဲ။ 디 꿈쀼따 배(버)-ㄹ라웃? 뻬:야.머-ㄹ래: 이 컴퓨터 가격은 얼마입니까?
	수 ဘယ်နှ 배 흐너	စာသင်ခန်းမှာ ကျောင်းသား ဘယ်နှယောက် 싸띤강:흐마 짜웅:다: 배 흐너야웃? ရှိသလဲ။ 시.더-ㄹ래: 교실에 학생이 몇 명 있습니까?

နိုင်ငံ (文) 국가

ဆေးလိပ် 담배

သောက်တယ်။ 마시다

ဖြတ်တယ်။
끊다, 그만하다, 중지하다

ခေါင်းဆောင်
[gaun:zaun] 대표, 단장, 우두머리
[gaun:hsaun] 이끌다

စားပွဲ [zəbwɛ:] 책상, 식탁

နောက်ကျတယ်။
늦다, 지각하다

ကွန်ပျူတာ 컴퓨터

စာသင်ခန်း 강의실

도구, 수단	ဘာနဲ့. 바 내.	ကျောင်းကို ဘာနဲ့. လာသလဲ॥ 짜웅:고　　바내. 라더-ㄹ래: 학교에 무엇으로(교통) 왔습니까?
출신, 출발	ဘယ်က 배 가.	ဘယ်က လာသလဲ॥ 배　가. 라 더-ㄹ래: 어디서 오셨습니까?
어느 것 (택일)	ဘယ်ဟာ(또는 က) 배하(가.)	ဘယ်ဟာ(က) ကောင်းသလဲ॥ 배하(가.)　　　짜웅: 더-ㄹ래: 어떤 것이 좋습니까?

လေ့ကျင့်ခန်း

1 다음 빈칸에 알맞은 단어를 넣어 문장을 완성하시오.

1 ခင်ဗျား ဖုန်းနံပါတ်က .... လဲ॥

당신의 전화번호는 무엇입니까?

2 .... အိမ်ပြန် .... ॥

언제 집에 갈 겁니까? - 미래

3 ကျွန်မ ပြော .... ॥

제가 한 말을 이해합니까?

4 ဒါဟာ ကျွန်တော့် စာအုပ် .... လား॥

저것은 내 책이 아닙니까?

5 .... မြန်မာနိုင်ငံကို ရောက် .... ॥

언제 미얀마를 방문해 보았습니까? - 과거

6 ခင်ဗျား အစ်မဟာ .... ရှိသလဲ॥

당신 누이는 어디에 있습니까?

7 ဟိုဘက်ကို .... သွားရ .... ॥

거기는 어떻게 갑니까?

2 다음 문장을 한국어로 옮기시오.

1 오늘 무슨 요일입니까?

---

2 저는 학교 선생일 뿐입니다(한정형).

---

3 오는 방학에 미얀마를 갈 것입니다.

---

4 식사 하셨습니까?

---

5 몇 시에 출발하실 겁니까?

도와주세요!
ကူညီပါရစေ။

စကားပြော

ဟ... ကျွန်တော့် ပတ်(စ်)ပို့
하.　쩌노.　빳?(쓰)뽀.

ပျောက်သွားပြီ။
빠웃?따:비

아. 내 여권을
잃어버렸습니다.

အော် ဒုက္ခပဲ။ ရဲစခန်းကို သွားကြစို့။
오　도웃?카.배:　얘:쓰강:고　　따:자.조.

아. 큰일이네요.
경찰서에 가 봅시다.

တစ်ခုလောက် ကူညီပါ။ ပတ်(စ်)ပို့
더쿠.-ㄹ라웃?　꾸니바　　　빳?(쓰)뽀.

좀 도와주세요.
여권을 잃어버렸어요.

ပျောက်သွားလို့ပါ။
빠웃?따:로.바

စိတ်အေးအေးထားပါ။ ဒီမှာ ထိုင်ပါဦး။
쎄잇?에.에:타:바　　　디흐마　타잉바옹:

침착하세요.
여기에 앉으세요.

ဘယ်တုန်းက၊ ဘယ်မှာ
배동:가.　　　　　배흐마

언제, 어디서 잃어버렸는지
기억하세요?

ပျောက်သွားတာလဲ။ မှတ်မိလား။
빠웃?따:다-ㄹ래:　흐맛?미.-ㄹ라:

မမှတ်မိဘူး။ ပတ်(စ်)ပို့ ပါတဲ့
머흐맛?미.부:　　빳?(쓰)뽀.　빠대.

모르겠어요. 여권이 든
가방을 분실했어요.

လွယ်အိတ် ပျောက်သွားလို့ပါ။
르왜에잇?　　빠웃?따:로.바

ပတ်(စ်)ပို့၊
နိုင်ငံကူးလက်မှတ်
여권

ပျောက်တယ်။
분실하다, 사라지다

ဒုက္ခ　고난, 곤경

ရဲစခန်း　경찰서

ကူညီတယ်။　돕다

စိတ်အေးအေးတယ်။
침착하다

ထိုင်တယ်။　앉다

ဘယ်တုန်းက
(과거) 언제

ဘယ်မှာ　(장소) 어디에서

မှတ်မိတယ်။　기억하다

လွယ်အိတ်　어깨가방

ဟုတ်ကဲ့॥
(대답) 네, (긍정) 그렇다

ရှာတွေ့တယ်॥
(물건) 찾다

စောင့်တယ်॥ 기다리다

ဆုတောင်းတယ်॥
기도하다

စိတ်ပူတယ်॥ 걱정하다

ဟုတ်ကဲ့॥ လွယ်အိတ်ကို
호웃?깨.   르왜에잇?꼬

ရှာတွေ့တဲ့အထိ ရဲစခန်းမှာ စောင့်ပါ॥
샤뛔.대.어티.   얘:쓰강:흐마   싸웅.바

예. 가방을 찾을 때까지
경찰서에서 기다리세요.

လွယ်အိတ်ကို ရှာတွေ့ပါစေလို့
르왜에잇?꼬   샤뛔.바제-ㄹ로.

ဆုတောင်းရတော့မှာပဲ॥
수.다웅:야.도.흐마배:

가방을 찾아달라고
기도하겠습니다.

အော်॥ ရှာတွေ့ပါလိမ့်မယ်॥
오   샤뛔.바.레잉.매

စိတ်မပူပါနဲ့ ဗျ॥
쎄잇?머 뿌바내.   뱌.

네. 찾을 겁니다.
걱정하지 마세요.

ကျေးဇူးတင်ပါတယ်॥
쩨:주:띤바대

감사합니다.

သဒ္ဒါ

	남성	여성	복수	상하 관계	승려	
					남	여
1인칭	ကျွန်တော် ကျနော်(□) ကျွန်ုပ် ကျုပ်	ကျွန်မ ကျမ(□)	-တို့	ငါ ကိုယ်	တပည့်တော် [dəbɛ.dɔ]	တပည့်တော်မ [dəbɛ.dɔma.]
2인칭	ခင်ဗျား	ရှင်	-တို့	မင်း သင် နင်	အရှင်ဘုရား 일면식이 없을 경우 ဦးပဉ္စင်း [u:bəzin:] 친분이 있는 경우	
3인칭	သူ	သူ	-တို့		ဦးပဉ္စင်း	

미얀마어의 인칭대명사는 화자가 중심이 된다. 남성 1인칭의 경우 ကျွန် 은 노예, တော် 는 궁중 용어로써, 왕조시대 왕실에서 봉역한 신하가 왕 앞에서 자신을 낮추던 말이 1인칭으로 굳어졌다. 두 번째는 소리가 나는 대로 문자로 옮긴 것이지만 쓰지 않는 것이 좋다. 세 번째는 구어체 약칭으로 시, 소설 등의 인용구에서 사용하고 네 번째는 세 번째 약칭의 소리를 문자 그대로 옮긴 것이다.

여성 1인칭의 경우 여성(암컷)을 의미하는 မ 와 결합한 형태이다. 단, 만달레 등 중부지방 출신 여성은 ကျွန်တော် 를 쓰기도 한다.

미얀마가 불교국가라는 사실을 모르는 사람은 없을 것이다. 그래서 승려들과 관련된 모든 용어는 독립적이다. 승려는 부처의 자식이자 제자이므로, 남자 승려의 경우 제자를 의미하는 တပည့် [dəbɛ.]를 쓰고, 궁중에서 쓰던 용어인 တော် [dɔ]를 합성한다. 비구니의 경우 남성과 같으며, 마지막에 여성을 의미하는 မ 와 결합한다.

2 문장의 종류

(1) 긍정명령문: 동사 + (ပါ)။

၁။ သွားသွား။ 가세요.
　　 똬:똬:

၂။ ဖြည်းဖြည်း စားပါ။ 천천히 먹으세요.
　　 피얘:비얘:　　　싸:바

(2) 부정 명령문: မ + 동사 + (ပါ)နဲ့။

၁။ ဓာတ်ပုံမရိုက်ပါနဲ့။ 사진을 찍지 마세요.
　　 닷?뽕　　 머야잇?빠내.

၂။ စိတ်မပူပါနဲ့။ 걱정하지 마세요.
　　 쎄잇?　머뿌바내.

(3) 기원문(청원문): 동사 + ပါစေ [baze]။ (화자 불포함)
　　　　　　　　　　동사 + ပါရစေ [bəya.ze]။ (화자 포함)

၁။ ကျန်းမာပါစေ၊ ချမ်းသာပါစေ၊ အသက်ရှည်ပါစေ။
　　 짠:마바제　　　　찬:따바제　　　　어뗏?쉬바제
건강하십시오. 부자 되십시오. 장수하세요.

၂။ တစ်ခုလောက် မေးပါရစေ။
　　 떠쿠.라웃?　　　　메:버야.제
한 가지 정도 여쭤보겠습니다(화자가 대화에 포함)

၃။ ဘောလုံးပွဲမှာ မရှုံးပါစေနဲ့။
　　 보:-ㄹ롱:쀀:흐마　 머숑:바제내.
축구에서 패하지 않기를... (기원문과 금지명령형이 합쳐짐.)

(4) 권유문: 동사 + (ကြ)စို့။
　　　　　　동사 + (ကြ)ရအောင်။ (ကြ 는 복수형 조사로 생략 가능함.)

၁။ ဟိုကို သွားကြည့်ကြစို့။ 저기에 가 봅시다.
　　 호고　　 똬:찌.자.조.

어휘 (왼쪽 여백)

ဖြည်းဖြည်း 천천히

ဓာတ်ပုံ 사진

ရိုက်တယ်။ (위에서 아래로) 치다

စိတ် 마음

ပူတယ်။ 뜨겁다

ကျန်းမာတယ်။ 건강하다

ချမ်းသာတယ်။ 부유하다

အသက် 연령, 숨

ရှည်တယ်။ 길다

မေးတယ်။ 질문하다, 물어보다

ဘောလုံး 축구

ဘောလုံးခတ်တယ်။ 축구하다

ရှုံးတယ်။ 패배하다

ကြည့်တယ်။ 보다, 시도하다

ကန် 호수(인공)
cf. အင်း 호수(자연)

ည 저녁, 오후

61

၂။ အင်းယားကန်မှာ ညစာ စားရအောင်။
잉:야:깡흐마　　　 냐.자　 싸:여아웅
인야호수에서 저녁 식사하시지요.(존칭)

(5) 감탄문: 동사 + ပါလား။ [bala:]

동사 + ပါကလား။ [bagəla:]

동사 + လှချည်လား။ [hla.chila:]

၁။ ဒါက ကျွန်တော် တောင်းတဲ့ ပစ္စည်း မဟုတ်ပါလား။
다가.　쩌노　　 따웅:대.　뻿?씨:　머호웃?빠-ㄹ라:
이것은 제가 요청한 물건 아닙니까!

၂။ မြင်းလှည်းက အရမ်း မြန်ပါကလား။ 마차가 매우 빠르구나!
밍:흘래:가.　　 어양:　 먄 바거-ㄹ라:

၃။ စာအုပ်တွေ များလှချည်လား။ 책들이 정말 많구나!
싸옷?뛔　　　 먀:흘라.치-ㄹ라:

*감탄사

၁။ အော်၊ ဟုတ်လား။ 오. 그렇습니까?(몰랐던 사실을 알았을 때)

၂။ ဟာ၊ သူ မလာတော့ဘူး။ 아. 그는 오지 않았습니다.(예상치 않은 일이 발생했을 때)

၃။ ကဲ၊ သွားကြရအောင်။ 흠... 에... 가시지요.(화제의 전환)

၄။ အမယ်လေး။ 엄마야!

၅။ အောင်မယ်လေး။ 엄마야!

၆။ ဘုရားဆု။ 맹세합니다.

တောင်းတယ်။　요청하다

ပစ္စည်း　물건

မြင်း　말(馬)

လှည်း　수레

အရမ်း　매우, 상당히

မြန်တယ်။　빠르다

စာအုပ်　책

အသုံးပြု

🎧 3-2

၁။ ကျွန်တော် ကျောင်းဆရာပါ။
쩌노 　　　 짜웅:서야바

저는 교사입니다.

၂။ ခင်ဗျားဟာ ကုမ္ပဏီဝန်ထမ်းပါ။
커먀:하 　　 꼼빠.니 원당:바

당신은 회사원입니다.

၃။ သူတို့ကတော့ အစိုးရဝန်ထမ်းတွေပါ။
뚜도.가.도. 　　　　 어쏘:야. 원당:뒈바

그들은(대비, 강조)
공무원입니다.

၄။ သူဟာ တက္ကသိုလ်က အင်္ဂလိပ်စာဌာနက
뚜하 　　 뗏?까.또가. 　　 잉그-ㄹ레잇?싸타나.가.

그는 대학교 영어과
교수입니다.

ပါမောက္ခပါ။
빠마웃?카.바

၅။ သူဟာ ကျောင်းသားပါ။
뚜하 　　　 짜웅:다:바

그는 학생입니다.

၆။ သူဟာ ကားမောင်းသမား(ကားဆရာ)ပါ။
뚜하 　　 까:마웅:떠마: 　　 (까:서야)바

그는 운전수입니다.

| 직업 관련 어휘 |

은행원	ဘဏ်ဝန်ထမ်း 반 원당:	공무원	အစိုးရဝန်ထမ်း ၊ 어쏘:야. 원당: အရာရှိ 어야시.
정치인	နိုင်ငံရေးသမား 나잉앙예:더마:	의사	ဆရာဝန် 서야웡
치과의사	သွားဆရာဝန် 똬:서야웡	교사	ဆရာ(男) ဆရာမ(女) 서야　　　 서야마.

배우	မင်းသား(男) မင်းသမီး(女) 밍:다: 밍:더미:	점성술사	ဗေဒင်ဆရာ 베딘서야
서기, 사무원	စာရေး 싸예:	경영자 (대표)	သူဌေး 더테:
엔지니어	အင်ဂျင်နီယာ 인진니야	건축가	ဗိသုကာ(ပညာရှင်) 비.두.까 (삔냐신)
주부	အိမ်ထောင်ရှင်မ 에잉다웅신마.	군인 (일반 병)	စစ်သား 씻?따:
군인(장교)	စစ်ဗိုလ် 씻?보	경찰	ရဲ 얘:
소방관	မီးသတ် 미:닷?	승려	ဘုန်းကြီး 퐁:지:
언론인	သတင်းစာဆရာ (男) 더딘:자서야	작가	စာရေးဆရာ (男) 싸예:서야
시인	ကဗျာဆရာ (男) 거뱌서야	화가	ပန်းချီဆရာ (男) 버지서야
중개업자	ပွဲစား 뺴:자:	가수	အဆိုတော် ၊ သီချင်းဆိုသူ 어소더(도) 떠친:소두
농부	စိုက်ပျိုးရေးသမား ၊ 싸잇?뽀:예:더마: တောင်သူ ၊ လယ်သမား 따웅두 래더마:	어부	ငါးများသမား ၊ 응아:흐먀:떠마: တံငါးသည် 당응아대
목수	လက်သမား 렛?떠마:	싸이까기사	ဆိုက်ကားသမား 사잇?까:떠마:
변호사	ရှေ့နေ 쉐.네	상인	ကုန်သည် 꽁대

② 숫자

(1) 기수

0	၀	သုည	[thounnya.]	똥냐.
1	၁	တစ်	[tiʔ]	띳?
2	၂	နှစ်	[hniʔ]	흐닛?
3	၃	သုံး	[thoun:]	똥:
4	၄	လေး	[le:]	레:
5	၅	ငါး	[ŋa:]	응아:
6	၆	ခြောက်	[chauʔ]	차웃?
7	၇	ခုနစ်၊ ခွန်	[hkunniʔ/ hkun]	쿤닛?/쿵
8	၈	ရှစ်	[shiʔ]	씻?
9	၉	ကိုး	[kou:]	꼬:
10	၁၀	တစ်ဆယ်	[təhsɛ]	떠새
11	၁၁	ဆယ့်တစ်	[hsɛ.tiʔ]	새.띳?
12	၁၂	ဆယ့်နှစ်	[hsɛ.hniʔ]	새.흐닛?
13	၁၃	ဆယ့်သုံး	[hsɛ.thoun:]	새.똥:
20	၂၀	နှစ်ဆယ်	[hnəhsɛ]	흐너새
30	၃၀	သုံးဆယ်	[thoun:zɛ]	똥:재
70	၇၀	ခုနစ်ဆယ်	[hkunnəhsɛ]	쿤너새
77	၇၇	ခုနစ်ဆယ့်ခွန်	[hkunnəhsɛ.hkun]	쿤너새.쿵

백	တစ်ရာ	[təya]	떠야
천	တစ်ထောင်	[təhtaun]	떠타웅
만	တစ်သောင်း	[təthaun:]	떠따웅:
십만	တစ်သိန်း	[təthein:]	떠떼잉:
백만	တစ်သန်း	[təthan:]	떠땅:
천만	တစ်ကုဋေ	[dəgəde]	더거데
일억	ဆယ်ကုဋေ	[hsɛgəde]	새거데
십억	ဘီလီယံ	[biliyan]	비-ㄹ리얀

| 활용법 |

① 10 이상의 수를 연속으로 배열할 경우 각 수를 연결하는 의미로 단위별로 1성 부호를 붙인다.

15 → ဆယ့်ငါး

② 10 단위에는 1(တစ်)을 붙이지 않고 100단위 이상에만 붙인다.

113 → တစ်ရာ့ဆယ့်သုံး

③ 1, 2, 7(တစ်၊ နှစ်၊ ခုနစ်) 등 စ်으로 끝날 때 이어지는 숫자 앞에서는 음절약화가 발생하여 [ə]로 발음된다. 그러나 이 숫자들이 마지막에 위치할 경우 원래 발음이 나고, 7은 ခုနစ် 대신 ခွန် 을 쓴다.

1277 → တစ်ထောင့်နှစ်ရာ့ခုနစ်ဆယ့်ခွန် [təhtaun.hnəya.hkunnəhsɛ.hkun]

④ 연도는 최상위 숫자 단위부터 읽는다.

2019년 → နှစ်ထောင့်ဆယ့်ကိုး ခုနှစ် [hnəhtaun.hsɛ.kou:hku.hni?]

⑤ 전화번호는 하나씩 읽는다.

01012345678 → သုညတစ်သုညတစ်နှစ်သုံးလေးငါးခြောက်ခုနစ်ရှစ်

⑥ 마지막 수가 0으로 끝나는 20 이상의 수와 양은 해당 수와 양의 도치가 발생한다.

12시 20분 → ဆယ့်နှစ်နာရီ မိနစ်နှစ်ဆယ်

학생 40명 → ကျောင်းသား အယောက်လေးဆယ်

(2) 서수

미얀마어에서는 통상 네 번째 이후부터는 서수보다 기수를 사용하는데, 이 때 မြောက်
을 추가한다. 즉 기수＋유별사＋မြောက် 순이 된다.

첫째	ပထမ(ပဌမ)	[pəhtəma.]	뻐터마.
둘째	ဒုတိယ	[du.ti.ya.]	두.띠.야.
셋째	တတိယ	[ta.ti.ya.]	따.띠.야.
넷째	စတုတ္ထ	[zədouʔhta.]	저도웃?타.
다섯째	ပဉ္စမ	[pyinsa.ma.]	삔싸.마.
여섯째	ဆဋ္ဌမ	[hsaʔhtəma.]	삿?터마.
일곱째	သတ္တမ	[thaʔtəma.]	땃?떠마.
여덟째	အဋ္ဌမ	[aʔhtəma.]	앗?터마.
아홉째	နဝမ	[nəwəma.]	너워마.
열번째	ဒသမ	[da.thəma.]/ [daʔthəma.]	다.떠마./ 닷?떠마.

| 활용법 |

① 3학년 → တတိယတန်း

② 제 67회 독립기념일 → ခြောက်ဆယ့်ခုနစ်ကြိမ်မြောက် လွတ်လပ်ရေးနေ့

③ 다섯 번째 모임 → ငါးခေါက်မြောက် တွေ့ဆုံပွဲ

လေ့ကျင့်ခန်း

1 다음 빈칸에 알맞은 단어를 넣어 완성하시오.

ပိတောက်ပန်း
[bədauʔpan:] 버다욱꽃

1 မေမေ၊ ကူညီ _____ ။   (엄마. 도와주세요.)

2 ဟို ကန်ကို _____ ။   (그 호수로 가지 마세요!)

3 ကဲ၊ ဗိုလ်ချုပ်အောင်ဆန်းဈေးကို သွား _____ ။   (이제 아웅산시장으로 가시지요.)

4 အဲဒီ သူငယ်ချင်းကို _____ တွေ့ _____ ။   (그 친구는 만나지 않게 해 주세요!)

5 ပိတောက်ပန်းက သိပ် _____ ။   (버다욱꽃은 정말 아름답구나!)

2 문장의 형태에 유의하여 다음 문장을 한국어로 옮기시오.

1 ခေါက်ဆွဲစား သွားကြစို့။

----

2 ကားလမ်း နားမှာ မရပ်နဲ့။

----

3 လိပ်စာပဲ မှတ်ထားလိုက်။

----

4 သင်္ဘော မစီးပါနဲ့။ လေယာဉ်ပျံနဲ့ သွားကြရအောင်။

----

5 အန္တရာယ်ရှိရင် မသွားပါရစေနဲ့။

04

극장 가시죠!

ရုပ်ရှင်ရုံမှာ သွားကြည့်ကြစို့။

စကားပြော

🎧 4-1

ဟို ရုပ်ရှင်ရုံမှာ သွားကြည့်ကြစို့။
호   욧?싱용흐마   따:찌.자.조.

저기 극장을 가자!

အဲ ဟိုက ရုပ်ရှင်ရုံကို ပြောတာလား။
애: 호가.   욧?싱용고   뾰:다-ㄹ라:

저기 저 극장을 말하니?
좋아.

ကောင်းပြီ။
까웅:비

ကျွန်တော့်မှာ လက်မှတ် တစ်စောင်
쩌노.흐마   렛?흐맛?   더자웅

나는 표 한 장이 있어.

ပါတယ်။
빠대

ဒါဆို နောက်တစ်စောင်ပဲ ဝယ်ရမယ်။
다소   나웃?   더자웅배: 왜.야.매

그러면 한 장만 더 사면 돼.

ဟုတ်ကဲ့၊ ကျွန်တော်ကတော့ မုန့်နဲ့
호웃?깨.   쩌노가.도.   몽.내.

알았어. 내가 과자와
음료수를 살게.

အအေး ဝယ်မယ်။
어에: 왜매

ကျွန်တော်တို့ ထိုင်ခုံက ဒုတိယ
쩌노도.   타잉공가.   두.띠.야.

우리 좌석은 아마
두 번째 열일 거야.

အတန်းမှာပါ။
어딴:흐마바

ဒီခုံ မဟုတ်ဘူးလား။ အော်၊
디공   머호웃?푸:-ㄹ라: 오

이 좌석이 아니니?
아... 저쪽이니?

ဟိုဘက်လား။
호벳?라:

ရုပ်ရှင် ဆယ့်နှစ်နာရီ စ ပြမယ်နော်။
욧?싱   새.흐녀나이   싸. 빠.매녀

영화는 12시에
시작하지.(그렇지?)

အိမ်သာ သွားချင်တယ်။ ဆယ့်တစ်နာရီ
에잉다   따: 진대   새.떠나이

화장실 가고 싶어.
11시 50분까지 올게.

မိနစ် ငါးဆယ်လောက် ပြန်လာမယ်။
미.닛?   응아:재라웃?   빤라매

သဒ္ဒါ

1 지시사

	지시대명사	지시형용사	복수
근칭	이것 ဒါ = ဒီဟာ(က) ၊ ဟောဒါ	이 ဒီ ၊ ဟောဒီ	이것들 ဒါတွေ
중칭	그것 အဲဒါ	그 အဲဒီ	그것들 အဲဒါတွေ
원칭	저것 ဟိုဟာ ၊ ဟောဟိုဟာ	저 ဟို၊ ဟောဟို	

ပန်း 꽃

ဘောင်းဘီ 바지

ရေးတယ်။ 쓰다

သမီး 딸, 여식

ဟိုတယ် 호텔

တည်း(ခဲ့)တယ်။
숙박하다, 투숙하다

အဆင်ပြေတယ်။
편안하다, 별일 없이 지내다

ဘတ်စကား 버스

(1) 근칭 지시사

၁။ ဒါ ပန်းလား။ 이것은 꽃입니까?

၂။ ဒီဟာ ဘာလဲ။ 이것은 무엇입니까?

၃။ ဟောဒါက ကျွန်တော့ စာအုပ်ပါ။ (앞서 말한) 이것은 제 책입니다.

၄။ ဒီ ဘောင်းဘီ ဘယ်လောက်လဲ။ 이 바지 가격이 얼마에요?

၅။ ဟို ဘောင်းဘီ ဘယ်လောက်လဲ။ (앞서 말한) 이 바지 가격이 얼마에요?

(2) 중칭 지시사

၁။ အဲဒါပန်း မဟုတ်ဘူး။ 그것은 꽃이 아닙니다.

၂။ အဲဒီလို မရေးပါနဲ့။ ဒီလို ရေးပါ။ 그렇게 쓰지 마세요. 이렇게 쓰세요.

(3) 원칭 지시사

၁။ ဟိုဟာက ခင်ဗျား သမီးလား။ 저기 있는 애가 당신 딸입니까?

၂။ ဟိုဟိုတယ်မှာ တည်းတာ အဆင်ပြေလား။
저 호텔에 투숙하는 것이 편합니까?

၃။ ဟောဟိုမှာ ဘတ်စကား ရှိတယ်။ 저기에 버스가 있습니다.

2 격조사

(1) 명사(대명사) +က : (주격) ~가(이), (출발, 출신) ~에서, (과거) ~부터, (소유) ~의

၁။ ကျွန်တော်က စားကြည့်မယ်။ (주격) 제가 먹어보겠습니다.

၂။ မန္တလေးက လာတယ်။ (출발) 만달레에서 왔습니다.

၃။ မြန်မာနိုင်ငံက ကျောင်းသားတွေ စာ သိပ် တော်တယ်။
(출신) 미얀마 학생들은 매우 똑똑합니다.

၄။ ၂၀၀၅ ခုနှစ်က အစိုးရက မြို့တော်ကို ရွှေ့တယ်။
(과거)2005년 정부는 수도를 옮겼습니다.

၅။ ဟို အပင် ဘယ်ဘက်က အိမ်က သူ့အိမ်ပါ။
(소유) 저 나무 왼쪽 집이 그의 집입니다.

(2) 명사(대명사) +ဟာ : ~은(는), *반드시 주어의 위치에서만 사용함.

၁။ ရှမ်းတွေဟာ ဘောင်းဘီ ဝတ်ကြတယ်။ 샨족들은 바지를 입습니다.

(3) 명사(대명사) + ~တော့ : (강조, 대비) ~은, (새로운 상황, 국면) ~이면, ~라면

၁။ အင်္ဂလိပ်စာအုပ်တွေတော့ ရှိတယ်။ (강조) 영어책들도 있습니다.

၂။ ရန်ကုန်ကတော့ မြို့တော် မဟုတ်တော့ဘူး။ နေပြည်တော်က
မြို့တော်အသစ်ပါ။ (대비) 양공은 이제 더 이상 수도가 아닙니다. 네삐도가 새로운 수도입니다.

၃။ သူ့ကိုတော့ မပြောနဲ့။ (새로운 상황) 그에게라면 말하지 마세요.

(4) 명사(대명사) +လည်း : (대비) ~도

၁။ ကျွန်တော်လည်း သိတယ်။ 저도 압니다.

(5) 명사 +ကို : (목적) ~을(를), (여격) ~에게, (방향) ~으로, (횟수) 반복
              (*목적격 인칭대명사 다음에는 1성을 붙인다.)

၁။ ကျွန်တော် သူ့ကို မချစ်ဘူး။ (목적) 저는 그를 사랑하지 않습니다.

သိပ် 매우, 꽤

စာတော်တယ်။
똑똑하다, 공부를 잘 하다

အစိုးရ 정부

မြို့တော် 수도

ရွှေ့(ပြောင်း)တယ်။
옮기다, 이사하다

အပင် 나무

ဘယ်ဘက် 왼쪽

ရှမ်း 샨(Shan)족, 샨족의

ဝတ်တယ်။ 입다, 착용하다

အင်္ဂလိပ် 영어(의)

အသစ် 새로운 것

လည်း၊ လဲ ~도, ~또한

ချစ်တယ်။ 사랑하다

ဒူးရင်းသီး 두리안
ပို့တယ်။ 보내다
ကြိမ် (횟수의 반복) ~회, ~번
ဖြေတယ်။ 해결하다, 풀다
ဖတ်တယ်။ 읽다

၂။ သူတို့ကို ဒူးရင်းသီး ဆယ်လုံးလောက်ပေးပါ။
(여격) 그들에게 두리안 열 개정도 주세요.

၃။ မြန်မာနိုင်ငံကို ပို့ပေးမယ်။ (방향) 미얀마로 보내겠습니다.

၆။ တစ်နှစ်ကို သုံးကြိမ် စာမေးပွဲဖြေရမယ်။
(횟수) 일 년에 세 번 시험을 치러야 합니다.

(6) 명사(대명사) + ~သာ 또는 ò (ဘဲ) : (강조) ~만, ~밖에

၁။ အင်္ဂလိပ်စာအုပ်သာ ဖတ်တယ်။ 영어책만 읽었습니다.

၂။ အင်္ဂလိပ်စာအုပ်ပဲ ဖတ်တယ်။ 영어책만 읽었습니다.

*명사(사람 수)+တည်း [htɛ:] : ~만

၁။ ကျွန်တော်တို့ နှစ်ယောက်တည်း လာတယ်။ 우리 둘만 왔습니다.

(7) 명사 + မှာ : (시간, 장소, 소유) ~에서, ~에

၁။ မန္တလေးရထားဟာ မနက် ခြောက်နာရီမှာ ထွက်တယ်။
(시간) 만달레행 열차는 아침 6시에 출발했습니다.

၂။ ဘယ်မှာ ထမင်းစားသလဲ။ (장소) 어디에서 밥을 먹었습니까?

၃။ ကျွန်တော့်မှာ သားသမီး နှစ်ယောက် ရှိတယ်။
(소유) 제게는 자식이 두 명 있습니다.

(8) 명사(대명사)+ဆီ : (장소, 인물) ~있는 곳, 장소

၁။ ကျွန်တော် ဆရာ့ဆီကို လာမယ်။ (ㅇ) 제가 선생님께(있는 곳) 가겠습니다.

cf. ကျွန်တော် ဆရာ့ကို သွားမယ်။ (×)

၂။ သူ့ဆီမှာ မြန်မာစာအုပ်တွေရှိတယ်။ 그에게(가 있는 곳) 미얀마 책들이 있습니다.

အသုံးပြု

🎧 4-2

1 달력 읽기

    미얀마에서는 미얀마력(ကောဇာသက္ကရာဇ်)과 서기력(ခရစ်သက္ကရာဇ်)을 병행한다. 전자는 통일 전 버강왕조의 뽀빠소라한(Popa Sawrahan, 재위 613-640)왕이 서기 638년 3월 22일을 미얀마력의 시작으로 공포한 것을 기원으로 한다. 그래서 미얀마력은 서기력에서 638을 뺀 연도이다. 미얀마에서 불기력(佛記曆)도 보편적이다.

(1) 월(月)읽기

서기력은 영어 표현을 미얀마어로 옮겨 사용한다. 모든 월 뒤에는 달(월)을 의미하는 လ 가 생략되기도 한다. 미얀마력은 4월이 서기력 1월이고 4월부터 시작하여 각 월별 일은 29일, 30일이 반복적이다. 즉 4월은 29일, 5월은 30일, 6월은 29일 순이다(괄호는 미얀마력임).

	1월(10)	2월(11)	3월(12)
서기력	ဇန်နဝါရီ	ဖေဖော်ဝါရီ	မတ်
미얀마력	ပြာသို	တပို့တွဲ	တပေါင်း
	4월(1)	**5월(2)**	**6월(3)**
서기력	ဧပြီ	မေ	ဇွန်
미얀마력	တန်ခူး	ကဆုန်	နယုန်
	7월(4)	**8월(5)**	**9월(6)**
서기력	ဇူလိုင်	ဩဂုတ်	စက်တင်ဘာ
미얀마력	ဝါဆို	ဝါခေါင်	တော်သလင်း
	10월(7)	**11월(8)**	**12월(9)**
서기력	အောက်တိုဘာ	နိုဝင်ဘာ	ဒီဇင်ဘာ
미얀마력	သီတင်းကျွတ်	တန်ဆောင်မုန်း	နတ်တော်

*미얀마력은 문자와 발음이 일치되지 않는 경우가 많음.

1월(4월)	တန်ခူးလ	[dəgu:la.]	더구:-ㄹ라.
2월(5월)	ကဆုန်လ	[gəhsounla.]	거송라.
3월(6월)	နယုန်လ	[nəyounla.]	너용라.
4월(7월)	ဝါဆိုလ	[wazoula.]	와조라.
5월(8월)	ဝါခေါင်လ	[wagaunla.]	와가웅라.
6월(9월)	တော်သလင်းလ	[tɔdhəlin:la.]	또더-ㄹ린:라.
7월(10월)	သီတင်းကျွတ်လ	[dhədin:gyuʔla.]	더딘:쭛라.
8월(11월)	တန်ဆောင်မုန်းလ	[dəzaunmoun:la.]	더자웅몽:라.
9월(12월)	နတ်တော်လ	[nədɔla.]	너도-ㄹ라.
10월(1월)	ပြာသိုလ	[pyadhoula.]	쀼도-ㄹ라.
11월(2월)	တပို့တွဲလ	[dəbou.dwɛ:la.]	더보.돼:-ㄹ라.
12월(3월)	တပေါင်းလ	[dəbaun:la.]	더바웅:라.

(2) 일(日) 읽기

일별 읽기는 보름을 기준으로 상순(百分, 1일–15일)과 하순(黑分, 16–30일)으로 나누고 이를 기점으로 날짜를 센다. 이 표현법은 미얀마력에서만 사용하고, 일반적으로 태양력에 따라 일(日)을 읽을 때는 정해진 날짜(숫자) 다음에 ရက်(~일)을 쓴다.

လဆန်း [la.zan:] 라.장:　　　　　　　　상순(百分, 1일–15일)

လပြည့်ကျော် [la.byi.gyɔ] 라.비.저　　　　하순(黑分, 16–30일)

ex) တန်ခူး လပြည့်ကျော် သုံးရက်

= ဧပြီလ ဆယ့်ရှစ်ရက်　　　　4월 18일

75

또한 미얀마력 한 달이 끝나는 날은 –လကွယ် 라고 쓰고, 다음 날은 다음 달 시작일인
–လဆန်း 이라고 쓴다.

ex) 1월 5일 **နတ်တော် လကွယ်** ၊ 1월 6일 **ပြာသို လဆန်း**

*ရက် ၊ နေ့ ၊ ရက်နေ့ 의 구분

세 단어는 공히 날(日)을 의미하는 단어지만 상황에 따라 다르게 쓰인다.

ရက် 은 명확한 시간이나 정해진 날이나 이틀 이상의 기간을 의미하고,

နေ့ 는 특정한 단 하루만을 의미할 때,

ရက်နေ့ 는 정해진 특정한 날을 일컬을 때 쓴다.

3일간 쉽니다.	→ သုံးရက် အနားယူမယ်။
오늘이 토요일입니까?	→ ဒီနေ့ကတော့ စနေနေ့လား။
1월 22일에 도착합니다.	→ ဇန်နဝါရီ နှစ်ဆယ်နဲ့ နှစ်ရက်နေ့မှာ ရောက်မယ်။

(3) 요일 읽기: 미얀마의 수요일은 두 개로 나뉜다.

일요일	တနင်္ဂနွေနေ့	[tənin:gənwene.]	떠닝:거눼네.
월요일	တနင်္လာနေ့	[tənin:lane.]	떠닝:라네.
화요일	အင်္ဂါနေ့	[ingane.]	잉가네.
수요일	ဗုဒ္ဓဟူးနေ့ (ရာဟု [yahu.] 야후. 오후 6-12시)	[bou?dəhu:ne.]	보웃?더후:네.
목요일	ကြာသပတေးနေ့	[kyadhəbəde:ne.]	짜더버데:네.
금요일	သောကြာနေ့	[thau?kyane.]	따웃?짜네.
토요일	စနေနေ့	[sənene.]	써네네.

2 시간 읽기

နာရီ[nayi]	시	မိနစ် [mi.niʔ]	분
စက္ကန့်. [sɛʔkan]	초	နာရီဝက်	30분(시간의 경과)
ခွဲ	30분(절반) ex) 지금은 8시 30분이다. → အခု ရှစ်နာရီခွဲပါ။ 30분이면 도착한다. → နာရီဝက် ဆိုရင် ရောက်မယ်။		
စိတ်	25 (시간에는 쓰지 않음)	*အစိတ် 1/4	

၁။ အခု ဘယ်နှနာရီ ထိုးပြီလဲ။   지금 몇 시입니까?

၂။ အခု ဘယ်နှနာရီ ရှိပြီလဲ။   지금 몇 시입니까?

၃။ အခု ဘယ်နှနာရီလဲ။   지금 몇 시입니까?

၂။ ရှစ်နာရီ ဆယ့်ငါးမိနစ်ပါ။   8시 15분입니다.

၃။ ရှစ်နာရီ မိနစ်လေးဆယ်ပါ။   8시 40분입니다.

၄။ ခုနစ်နာရီခွဲပါ။   7시 반입니다.

၅။ ရှစ်နာရီ ထိုးဖို့ သုံးမိနစ် လိုသေးတယ်။   8시 3분 전입니다.

③ 하루의 구분

မနက် [mənɛʔ]	머넷?	아침, 오전
မွန်းတည့် [mun:dɛ.]	뭉:대.	정오
နေ့လယ် [ne.lɛ]	네.-ㄹ래	낮, 점심
မွန်းလွဲ [mun:lwɛ:]	뭉:쮀:	오후(1시-3시 정도)
ညနေ [nya.ne]	냐.-ㄴ네	오후(4시-6시 정도)
ည [nya.]	냐.	저녁, 밤
ညသန်းခေါင် [nya.dhəgaun]	냐. 더가웅	자정

*정해진 시간이 아닌 경우에는 ပိုင်း을 붙인다. ex) 오전 → မနက်ပိုင်း

④ 날짜와 연도의 구분

တစ်နေ့က [təne.ga.]	떠네.가.	그제
မနေ့က [məne.ga.]	머네.가.	어제
ဒီနေ့ [dine.]	디네.	오늘
မနက်ဖြန် [mənɛʔhpyan] | နက်ဖြန် [nɛʔhpyan]	머넷?퍙 넷?퍙	내일
သန်ဘက်ခါ [dhəbɛʔhka]	떠벳?카	모레
ဖိန်းနွဲ့ခါ [hpein:hnwɛ:ga]	페잉:흐놰:가	글피

မနှစ်က [məhniʔka.]	머흐닛?까.	작년
ဒီနှစ် [dihniʔ]	디흐닛?	올해
နောင်နှစ် [naunhniʔ] ǀ လာမည့်နှစ် [lamɛ.hniʔ]	나웅흐닛? 라매.흐닛?	내년
နောက် ငါးနှစ် (ငါးနှစ် ကျော်ရင်) [nauʔŋga:hniʔ]		5년 뒤

⑤ 계절의 구분

နွေဦးရာသီ [nweu:yadhi]	눼우:야디	봄
နွေရာသီ [nweyadhi]	눼야디	여름
ဆောင်းဦးရာသီ [hsaun:u:yadhi]	사웅:우:야디	가을
ဆောင်းရာသီ [hsaun:yadhi]	사웅:야디	겨울

*미얀마의 계절

နွေရာသီ	눼야디	여름(4-6월)
မိုးရာသီ	모:야디	우기(7-11월)
ဆောင်းရာသီ	사웅:야디	건기(12-3월)

လေ့ကျင့်ခန်း

1 다음 빈칸에 알맞은 단어를 넣어 완성하시오.

1 .... နေကြာပန်းလား။ 저것은 해바라기입니까?

2 အခု .... နာရီထိုး .... ။ 지금 몇 시입니까?

3 ကျွန်တော် မော်လမြိုင် .... လာတယ်။

저는 몰러먀잉 출신입니다.

4 ဒီမျက်မှန်ကို .... ပေးပါ။ 이 안경을 그에게 주세요.

5 ဒီနေ့ .... ။ 오늘은 무슨 요일입니까?

2 다음 문장을 한국어로 옮기시오.

1 တစ်နှစ်ကို သုံးကြိမ် စာမေးပွဲ ဖြေရမယ်။

....

2 လေယာဉ်ပျံနဲ့တော့ ရောက်ဖူးတယ်။

....

3 ရှင့်မွေးနေ့က ဘယ်နေ့လဲ။

....

4 ဟောဒီ စက္ကူမှာ စာရေးပါ။

....

5 ဒါတွေကို မလိုချင်ပါဘူး။

....

05

무엇이 필요하세요?

ဘာလိုချင်သလဲ။

စကားပြော

🎧 5-1

ဘာလိုချင်သလဲ။
바 로진 더-ㄹ래:

무엇이 필요합니까?

ထဘီရှိလား။
터메잉 시.-ㄹ라:

터메잉 있습니까?
파란색과 녹색을 보고
싶습니다.

အပြာနဲ့အစိမ်းရောင်ကြည့်ချင်တယ်။
어빠 내. 어쎄잉:야웅 찌.진대

ရှိချင်ရှိတယ်၊ ဒါပေမဲ့ အချိတ်က
시.진시.대 다베매. 어체잇?까.

ပိုလှုတယ်။
뽀흘라.대

있을 겁니다.
그러나 어체잇(무늬)이
더 예뻐요.

ဟုတ်လား၊ ဒါဆိုရင် အချိတ်ထဘီကို
호웃?라: 다소잉 어체잇? 터메잉고

ပြရမလား။
빠.머-ㄹ라:

그래요? 그럼 어체잇을
보여주시겠어요?

အဲဒါကို ယူမယ်။ ဘယ်လောက်လဲ။
애:다고 유매 배-ㄹ라웃?래:

저것을 사겠습니다.
얼마입니까?

ဘယ်နှထည်ယူမလဲ။
배 흐너태 유머-ㄹ래:

몇 벌 살겠니까? 4-5벌
사면 깎아주겠습니다.

လေးထည်ငါးထည်ဝယ်ရင်လျှော့ပေးမယ်။
레:태 응아:태 왜잉 쏘. 뻬: 매

ငါးထည်ကို ကျပ်တစ်သောင်းနဲ့
응아:태 고 짯? 떠따웅:내.

다섯 벌을 1만짯에
주십시오.

ပေးပါဦး။
뻬:바 옹:

အိုကေ တခြားလိုချင်တာရှိလား။
오께: 더차: 로진다 시.-ㄹ라:

좋습니다. 더 필요한
것이 있습니까?

ညီလေးအတွက်ဖိနပ်တစ်ရံယူမယ်။
니-ㄹ레: 어뿻? 퍼낫? 떠양 유매

남동생 신발 한 켤레를
살 겁니다.

သဒ္ဒါ

① 접속 조사(1): 구 또는 절을 연결하며, 동사(형용사) 뒤에 위치한다.

(1) 동사+ရင် : (가정, 조건) ~하면

၁॥ ရန်ကုန်လာရင် ဦးလှဖေနဲ့ တွေ့နိုင်တယ်॥

양공에 오면 흘라페씨를 만날 수 있습니다.

(2) 동사+ဖို့ : (결과를 알 수 없는 목적) ~하기 위해

၁॥ ကျွန်တော်တို့ထမင်းစားဖို့သွားတယ်॥

우리는 식사하려고(하기 위해) 갔습니다.

၂॥ ဘာလုပ်ဖို့လာလဲ॥   어떤 일로 왔습니까?

* ဖို့ 는 동작의 목적에 사용한다.

၁॥ စားဖို့ကောင်းတယ်॥   먹음직스럽다. (동작의 목적)

၂॥ စားလို့ကောင်းတယ်॥   맛있다. (동작의 결과)

(3) 동사+အောင် : (결과를 유도하는 목표) ~하도록

၁॥ ခင်ဗျားနားလည်အောင် ကျွန်တော်ပြန်ပြောမယ်॥

당신이 이해하도록 제가 다시 말씀하겠습니다.

၂॥ ကျွန်တော်တို့အဖွဲ့နိုင်အောင် အားပေးပါ॥

우리 팀이 이기도록 성원해 주세요.

(4) 명사+အတွက် : (목표) ~을 위해, (이유, 원인) ~ 때문에, (관점) ~에 있어서

၁॥ ကျန်းမာရေးအတွက် အရက်နည်းနည်းပဲ သောက်ပါ॥

(목표) 건강을 위해 술을 조금만 마셔요.

၂॥ ခင်ဗျားအတွက် ကျွန်တော်မထွက်ဘူး॥

(이유) 당신 때문에 내가 출발하지 못했습니다.

၃॥ ဒီဥစ္စာ သူအတွက် ခက်မှာမယ်॥

(관점) 이 문제는 그로서는 어려울 것입니다.

အဖွဲ့   (공적) 조직, 집단, 단체

cf.အသင်း
    (사적) 조직, 집단, 단체

အားပေးတယ်॥   성원하다,
힘을 주다, (물건 판매) 개시하다

အရက်   술

ဥစ္စာ [ouʔsa]   일, 관점

ခက်တယ်॥   어렵다

(5) 동사 +လို့ : (인용) N 또는 V ~라고, (이유, 원인) V ~라고, ~때문에,

(결과) V ~라고,

၁။ ဒါကို မြန်မာလို သုံးဘီးကားလို့ခေါ်တယ်။

(인용) 저것을 미얀마어로 삼륜차라고 부릅니다.

၂။ ဆရာ ဂျပန်သွားတယ်လို့ကြားတယ်။

(인용) 선생님이 일본으로 갔다고 들었습니다.

၃။ ကျန်းမာရေးမကောင်းလို့အရက်မသောက်တော့ဘူး။

(이유) 건강이 좋지 않아 술을 마시지 않습니다.

၄။ ထီးမပါလို့ မိုးမိတယ်။ (원인) 우산이 없어서 비를 맞았습니다.

၅။ ဟင်းစားလို့ကောင်းတယ်။ (결과) 반찬이 맛있습니다.

*လို့ 가 붙는 종속절 일부는 숙어의 형태를 취한다.

၁။ ထွက်ပေါက်ကို ဝင်လို့မရဘူး။ (허가, 인정) 출구로 들어가서는 안 됩니다.

၂။ အေးအေးဆေးဆေးအိပ်လို့ဖြစ်တယ်။ (가능) 조용히 잠을 잘 수 있습니다.

၃။ အိမ်စာဖြေလို့မပြီးသေးဘူး။ (부정) 아직 숙제를 다 하지 못했습니다.

(6) 동사 +ပြီး : (순접) ~하고

၁။ အိပ်ရာထပြီး ချက်ချင်းစောင်ခေါက်သိမ်းတယ်။

기상한 후 즉시 이불을 갰습니다.

(7) 동사 +မှ၊ 동사 +(ပြီး) နောက် : (순접) ~하고 난 뒤

၁။ အရုဏ်တက်ရောက်မှ အိပ်ပျော်နိုင်တယ်။

새벽이 되어서야 비로소 잠을 잘 수 있었습니다.

၂။ စာအုပ်အားလုံးပြန်ဖတ်ပြီးနောက် သဘောပေါက်ပြီ။

책을 다시 읽고 나서야 이해했습니다.

(8) 동사 +ရင်း : (동시동작) ~하면서

၁။ စာဖတ်ရင်းတီဗွီမကြည့်ပါနဲ့။ 책을 읽으면서 텔레비전을 보지 마세요.

သုံးဘီးကား:
[thoun:bein:ka:] 삼륜차

ထီး 우산

မိုးမိတယ်။ 비를 맞다

ဟင်း 반찬, 요리

ထွက်ပေါက် 출구

အေးအေးဆေးဆေး
조용히, 평화롭게

အိပ်ရာထတယ်။
기상하다

ချက်ချင်း 즉시, 곧바로

စောင် 담요, 이불

ခေါက်တယ်။ 접다

သိမ်းတယ်။
치우다, 정리하다.

အရုဏ် [ayoun] 새벽

အိပ်ပျော်တယ်။ 잠들다

သဘောပေါက်တယ်။
이해하다

တီဗွီ၊ ရုပ်မြင်သံကြား
텔레비전

ဝတ္ထု 소설

စိတ်ဝင်စားတယ်॥
흥미롭다

ပမာဏ 양(量)

တော်တော် 꽤, 상당히

(9) 동사 + ပေမယ့် (또는 မဲ့) : (역접) ~이(하)지만

၁॥ ဒီဝတ္ထုစိတ်ဝင်စားပေမဲ့ ပမာဏတော်တော်ရှည်တယ်॥
이 소설은 흥미롭지만, 양이 좀 깁니다.

2 유별사(지시사)

(1) 보편적 유별사

၁॥ လုံး 가시적인 것, 셀 수 있는 것 중 특정 유별사가 적용되지 않는 명사에 사용
၂॥ ခု '개'의 의미로 셀 수 있거나 없는 물질 명사에 사용

(2) 다양한 유별사와 사용 예

ကောင် [gaun]	(짐승) 마리	ကြောင်တစ်ကောင်	고양이 한 마리
ခု [hku.]	(명사) 개	ပစ္စည်းတစ်ခု	물건 한 개
ချောင်း [chaun:]	가늘고 긴 것	ခဲတံတစ်ချောင်း	연필 한 자루
ချပ် [cha?]	얇고 평평한 물건	ဖဲတစ်ချပ်	카드 한 장
ခွက် [hkwε?]	잔	ကော်ဖီတစ်ခွက်	커피 한 잔
စီး [si:]	(탈 것) 대	စက်ဘီးတစ်စီး	자전거 한 대
စင်း [sin:]	(긴 모양 탈 것) 대, 척	သင်္ဘေားတစ်စင်း	배 한 척
စောင် [zaun]	(신문, 편지) 장	စာတစ်စောင်	편지 한 장
စုံ [soun]	(세트) 벌	စွယ်စုံကျမ်းတစ်စုံ	백과사전 한 질
ဆူ [hsu]	(종교) 기(基)	ဘုရားတစ်ဆူ	불탑 한 기
ဆောင် [hsaun]	(집, 건물) 채	အိမ်တစ်ဆောင်	집 한 채
ဆိုင် [hsain]	(장소) 가게	ထမင်းဆိုင်တစ်ဆိုင်	식당 한 곳
တုံး [t(d)oun:]	(묶음, 덩어리) 개	သနပ်ခါးတစ်တုံး	따나카 한 개

ထည် [htɛ]	(ဝတ်) 벌	လုံချည်တစ်ထည်	롱지 한 벌
ပါး [ba:]	(존경) 분	ဘုန်းကြီးသုံးပါး	스님 세 분
ပုလင်း [pəlin:]	(음료수) 병	ဝီစကီသုံးပုလင်း	위스키 세 병
ပေါက် [pauʔ]	방울, 점	မိုးရေတစ်ပေါက် မဲ့တစ်ပေါက်	빗물 한 방울 점 한 개
ပင် [pin]	그루	အုန်းပင်တစ်ပင်	야자 나무 한 그루
ပုဒ် [pouʔ]	(노래, 싯구) 곡	သီချင်းတစ်ပုဒ်	노래 한 곡
ပိုဒ် [paiʔ]	(노래, 싯구) 절, 단락	သီချင်းတစ်ပိုဒ်	노래 한 소절
ပွဲ [bwɛ:]	(음식) 접시	ထမင်းကြော်တစ်ပွဲ	볶음밥 한 접시
ပွင့် [pwin.]	(꽃) 송이	နှင်းဆီပန်းတစ်ပွင့်	장미꽃 한 송이
ဗူး (ဘူး) [bu:]	상자, 통	ဆေးလိပ်တစ်ဗူး	담배 한 갑
မျိုး [myou:]	종류	သစ်သီးသုံးမျိုး	과일 세 종류
ယောက် [yauʔ]	(일반적) 사람	ကျောင်းသားတစ်ယောက်	학생 한 명
ရံ 또는 ရန် [yan]	짝, 벌	ဖိနပ်တရံ	슬리퍼 한 켤레
ရွက် [ywɛʔ]	장, 잎	စက္ကူတစ်ရွက်	종이 한 장
လုံး [loun:]	(둥근 모양) 개	ကုလားထိုင်တစ်လုံး ဂီတာတစ်လုံး ထီးတစ်လုံး ဘီယာတစ်လုံး	의자 한 개 기타 한 개 우산 한 개 맥주 한 병
လိပ် [leiʔ]	(담배) 개피	ဆေးလိပ်တစ်လိပ်	담배 한 개피
ဦး [u:]	(文, 사람) 분	အစိုးရအရာရှိနှစ်ဦး	공무원 두 명
အုပ် [ouʔ]	(책, 잡지) 권	စာအုပ်နှစ်အုပ်	책 두 권

အသုံးပြု

 5-2

| 미얀마 국가(國歌) |

ကမ္ဘာမကြေ

세상 끝까지

작사: 서야 띤(Saya Tin), 1947

작곡: 서야 띤(Saya Tin), 1930

1절: 미얀마 오케스트라

သေွ   무지한, 무지막지한

ခပ်သိမ်း   모든 것

ငြိမ်းချမ်းတယ်။
평화롭다

ခွင့်   기회

တူညီ   같은

မျှ   나누다, 동등한, 대략

ဝါဒ   이념

ဖြူစင်   투명한

အမြဲ   항상

တည်တံ့တယ်။
유지하다, 참다

အဓိဋ္ဌာန် [ədeiʔhtan]   결의

ကမ္ဘာ   지구

ဘိုးဘွား   선조

အမွေ   유산

ပြည်ထောင်စု   연방

ကာကွယ်တယ်။
수호하다, 방어하다, 보호하다

မြေ   땅

တရားမျှတ လွတ်လပ်ခြင်းနဲ့ မသေွ

정의와 자유가 끊이지 않는 곳

တို့ ပြည်၊ တို့ မြေ

우리의 나라, 우리의 땅

များလူ ခပ်သိမ်း၊ ငြိမ်းချမ်းစေဖို့

모든 사람들을 평화롭게 하고

ခွင့်တူညီမျှ၊ ဝါဒဖြူစင်တဲ့ ပြည်၊

평등하고 정의로운 나라

တို့ ပြည်၊ တို့ မြေ

우리의 나라, 우리의 땅

ပြည်ထောင်စုအမွေ၊ အမြဲ တည်တံ့စေ၊

연방의 유산, 항상 변함없게 하자.

အဓိဋ္ဌာန်ပြုပေ၊ ထိန်းသိမ်းစို့လေ။။

결의하자, 맹세하자.

2절: 서양 오케스트라

ကမ္ဘာမကြေ၊ မြန်မာပြည်၊

세상 끝까지 미얀마여!

တို့ ဘိုးဘွား အမွေစစ်မို့၊ချစ်မြတ်နိုးပေ။

우리 조상들의 진정한 유산이므로 사랑하고 존중하자.

ပြည်ထောင်စုကို အသက်ပေးလို့ တို့ ကာကွယ်မလေ၊

연방을 위해 목숨을 바쳐 우리가 수호하자.

ဒါတို့ ပြည် ဒါတို့ မြေ တို့ပိုင်နက်မြေ။

이곳이 우리나라, 우리 땅, 우리 영토

တို့ပြည် တို့မြေ အကျိုးကို ညီညာစွာ တို့တတွေ

우리나라와 우리 땅의 이익을 함께 행하자.

ထမ်းဆောင်ပါစို့လေ တို့ တာဝန်ပေ အဖိုးတန်မြေ။

함께 지키자 우리의 가치있는 땅.

ပိုင်နက်	소유한
အကျိုး	이익
ညီညာ	동등한
ထမ်းတယ်။	
의무를 행하다	
တာဝန်	의무
အဖိုးတန်	가치

*가족(မိသားစု)과 혈연(ဆွေမျိုး)

အဘီ /အဘေး	고조부 / 증조부
အဘိုး ၊ အဖိုး ၊ ဘိုးဘိုး	할아버지
အဘွား ၊ အဖွား ၊ ဖွားဖွား	할머니
ဘိုးဘွား၊ ဘိုးဘေးဘီဘင်	선조
အဖေ ၊ ဖခင် ၊ ဖေဖေ	아버지, (문서, 공식) 부친, (호칭) 아빠
အမေ ၊ မိခင် ၊ မေမေ	어머니, (문서, 공식) 모친, (호칭) 엄마
ယောက်ျား၊ လင်၊ ခင်ပွန်း၊ အမျိုးသား	남편(세 번째 정중한 표현, 네 번째 문서, 공식)
ဇနီး၊ မယား၊ အမျိုးသမီး	아내(세 번째 정중한 표현, 공식)

လင်မယား	부부
ညီအစ်ကိုမောင်နှမ	형제자매
အစ်ကို [əkou]	형, 오빠
အစ်မ [əma.]	누나, 언니
မောင်၊ မောင်လေး	누나의 남동생
ညီ၊ ညီလေး /ညီမ၊ ညီမလေး	누나, 형의 남동생 / 누나, 오빠의 여동생
ကလေး [hkəle:]	아이, 남자아이
မိန်းကလေး [mein:hkəle:]	여자아이
မြေး [myi:]	손자
သား	아들, 연장자가 부를 때, 연장에게 자신을 낮출 때
သမီး	딸, 연장자가 부를 때, 연장자에게 자신을 낮출 때
တူ /တူမ	남자 조카 / 여자 조카
ဦးလေး	(통칭) 삼촌
အဒေါ်၊ ဒေါ်လေး၊ အန့်တီ	이모, 아주머니(세번째 영어식)
အရီး	고모
ဘကြီး	삼촌(아버지의 형), 이모부(어머니 언니의 남편)
ဘထွေး	삼촌(아버지의 동생), 이모부(어머니 여동생의 남편)
ဦးကြီး	외삼촌(어머니의 오빠), (통칭) 어르신(လူကြီး)
ယောက်မ	형수, 계수, 시누이, 올케, 처제, 처형
ယောက်ဖ	시아주버니, 시동생, 처남, 매부, 동서
ယောက္ခမအဖေ [yauʔhkəma.əhpe]	시아버지, 장인
ယောက္ခမအမေ [yauʔhkəma.əme]	시어머니, 장모

လေ့ကျင့်ခန်း

1 다음 빈칸에 알맞은 단어를 넣어 완성하시오.

1 ပန်သီး _____ နဲ့ ခဲတံ _____ ပေးပါ။

사과 두 개와 연필 다섯 자루를 주세요.

2 မြန်မာနိုင်ငံက ဆန် စား _____ ကောင်းတယ်။

미얀마산 쌀은 맛있습니다.

3 _____ နဲ့ _____ အတွက် စာအုပ် _____ ကို ဝယ်ပြီ။

형과 남동생을 위해 책 두 권을 샀습니다.

4 ပုဂံကို အလည်သွား _____ စီစဉ်ထားတယ်။

버강을 여행하려고 계획해 두었습니다.

5 နေ့လယ်စာ မစား _____ ဗိုက်မဆာဘူး။

점심을 안 먹었지만, 배가 고프지 않습니다.

2 다음 빈칸에 알맞은 단어 또는 표현을 쓰시오.

1 파파야 한 개

2 택시비 3,500짯

3 대나무 다섯 그루

ဝါး —————————————

4 서울에서 부산까지

5 형제자매

6 (명사) 개

7 가늘고 긴 것

8 (세트) 벌

9 (묶음, 덩어리) 개

10 짝, 켤레

오늘 날씨 어때요?

ဒီနေ့ ရာသီဥတု ဘယ်လိုလဲ။

စကားပြော

🎧 6-1

ဒီနေ့ ရာသီဥတု ဘယ်လိုလဲ။
디네. 야디우.두. 배-ㄹ로래:

오늘 날씨는 어떻습니까?

ရာသီဥတု 기후, 날씨

ကနေ့ တော်တော် သာယာတယ်။
거네. 또도 따야 대

오늘 매우 화창합니다.

တော်တော် 꽤, 상당히

သာယာတယ်။
화창하다, 평화롭다

ရာသီဥတု မမှန်ဘူး။
야디우.두. 머흐망부:

날씨가 일정치 않습니다.
매우 변덕스럽네요.

မှန်တယ်။
정확하다, 일정하다, 거울

သိပ် ဖောက်ပြန်တာပဲ။
떼잇? 파웃?빵다배:

ဖောက်ပြန်တယ်။
(마음, 날씨) 변덕스럽다

မိုးလေဝသဌာနက မိုးရွာမယ်လို့
모:-ㄹ레와.따.타나.가. 모:유와매-ㄹ로.

기상청에서 비가 올 것으로
예보했습니다.

မိုးလေဝသ 날씨

ဌာန 부서

ကြေညာတယ်။
쩨냐대

မိုးရွာတယ်။ 비오다

ကြေညာတယ်။
선언하다, 공고하다

ဒါပေမယ့် နှင်းကျမယ်လို့ ထင်တယ်။
다베매. 흐닝:짜.매-ㄹ로. 틴대

그러나 눈이 올 것 같습니다.

ဒါပေမယ့် 그러나, 하지만

နှင်းကျတယ်။ 눈 오다

ထင်တယ်။
생각하다, 판단하다

မိုးအုံ့နေတယ်။
모:웅. 네대

구름이 많아집니다.
먹구름이 많습니다.

မိုးအုံ့တယ်။
(날, 날씨) 흐리다

မိုးတိမ်မည်းတွေ များလာတယ်။
모:데잉매:풰 먀:라대

မိုးတိမ် 먹구름

မည်း (색깔) 검은

မိုး သဲသဲမဲမဲ ရွာပြီး၊ တိတ်သွားပြီ။
모: 때:대:매:매: 유와비: 떼잇?똬:비

비가 엄청나게 온 뒤
그쳤습니다.

သဲသဲမဲမဲ ၊
သဲကြီးမဲကြီး 집중적으로

မိုးတိတ်တယ်။
비가 그치다

ပြင်းပြင်းထန်ထန်
거칠게

နည်းနည်း   약간, 조금

ချမ်းတယ်။
서늘하다, 춥다

ကျန်းမာရေး   건강

ဂရုစိုက်တယ်။
조심하다, 주의하다

မနေ့ကတော့ လေပြင်းပြင်းထန်ထန်
머네.가.도.   레 삥:삥: :   탕당

တိုက်တယ်။
따잇?때

어제는 바람이 심하게 불었습니다.

မနက်ဖြန်က စပြီး နည်းနည်း
머넷?퐌   가.   싸.비: 내:-ㄴ 내:

ချမ်းလာမယ်လို့ ကြားတယ်။
찬:라매-ㄹ 로.   짜:대

내일부터 추워진다고 들었습니다.

ဟုတ်တယ်။ ကျန်းမာရေး ဂရုစိုက်ပါ။
호웃?때   짠:마예: 거유.싸잇?빠

그래요. 건강 유의하세요.

---

* 날씨 관련 어휘

မိုးကြိုးပစ်တယ်။ မိုးခြိမ်းတယ်။	천둥치다
မိုးချုပ်တယ်။	(일몰 시각) 어두워지다
မိုးစွေတယ်။	끊임없이 비가 오다
မိုးစဲတယ်။	비가 가늘어지다
မိုးနှင်း	진눈깨비
မိုးပြေး	소나기
မိုးဖွဲ	가랑비
မိုးရေ	지나가는 비
မိုးသီးကျတယ်။	우박이 내리다
မိုးသက်မုန်တိုင်း	폭풍우
လျှပ်စီးလက်တယ်။	번개 치다

သဒ္ဒါ

1 접속 조사(2)

(1) မ + 동사 + ခင် (또는 ခင္) : (역접) ~하기 전

၁။ အိမ် မလာခင် ဝက်သား တစ်ပိဿာ ဝယ်လာခဲ့ပါ။

집에 오기 전에 돼지고기 1베잇따 사오세요.

၂။ မကြာခင္ သူ လာမယ်။ 곧 그가 올 것입니다.

(2) မ + 동사 + ဘဲ (또는 ပဲ) : (역접) ~하지 않고

၁။ အမေက ထမင်းမစားဘဲ သားကို စောင့်နေတယ်။

어머니는 식사를 하지 않고 아들을 기다립니다.

၂။ စကားမပြောဘဲ အလုပ်ပဲ လုပ်နေတယ်။ 말을 하지 않고, 일만 합니다.

(3) 동사 + သလို : (양이나 형태) ~처럼, ~대로

၁။ ခင်ဗျား ကြိုက်သလို ယူပါ။ 당신이 좋아하는 대로 가져가세요.

၂။ သူ မင်းသမီး လှသလို လှတယ်။ 그는 여배우처럼 아름다웠습니다.

* 명사 + လိုလို : ~와 같은

၁။ မြွေလိုလို ရှည်ရှည် တိရစ္ဆာန် တစ်ကောင် တွေ့တယ်။

뱀처럼 긴 동물 한 마리를 봤습니다.

(4) 동사1 + 동사1 + ချင်း : (동작) ~하자마자, ~한 직후

၁။ ရန်ကုန် ရောက်ရောက်ချင်း ဖုန်းဆက်ပါ။

양공에 도착하자마자 전화하세요.

၂။ သူတို့ တွေ့တွေ့ချင်း ရည်းစားဖြစ်သွားကြတယ်။

그들은 만나자마자 연인이 되었습니다.

(5) ~ + 동사1 + 동사1 + : (양보) ~하더라도

၁။ ဘယ်အင်္ကျီဖြစ်ဖြစ် ခင်ဗျား ကြိုက်မှာပါ။

어떤 옷이라도 당신은 좋아할 겁니다.

ဝက် 돼지

အသား 고기, 피부

ပိဿာ [bei?tha]
1viss=1.65kg

စောင့်တယ်။ 기다리다

ကြိုက်တယ်။ 좋아하다

မြွေ 뱀

တိရစ္ဆာန် [tərei?hsan]
동물

ဖုန်းဆက်တယ်၊
ဖုန်းခေါ်တယ်။
전화걸다

ရည်းစား 연인, 애인

အင်္ကျီ 윗옷, 윗도리

<table>
<tr><td>စာကြည့်တိုက်</td><td>도서관</td></tr>
<tr><td>ငှားတယ်။</td><td>빌리다</td></tr>
<tr><td>cf.ချေးတယ်။</td><td>돈을 빌리다</td></tr>
<tr><td>ပဲခေါက်ဆွဲ</td><td>짜장면</td></tr>
</table>

၂။ စာကြည့်တိုက်မှာ စာအုပ်ငှားငှား စာဖတ်ဖတ် နှစ်မျိုးစလုံး လုပ်နိုင်တယ်။ 도서관에서는 책을 빌리든지, 책을 읽든지 둘 다 할 수 있습니다.

* 명사 + 유별사 + **စလုံး** : (명사)의 모든 것

၁။ ကျွန်တော်တို့ သုံးယောက်စလုံး ပဲခေါက်ဆွဲ မှာထားတယ်။
우리 세 명 모두 짜장면을 주문했습니다.

② 기타 조사(1)

(1) 명사 + **နဲ့** : (순접) ~와(과), ~와 함께, (도구, 수단) ~로, (가격) ~로

၁။ ဇွန်းနဲ့ ခက်ရင်း ယူခဲ့ပါ။ (순접) 숟가락과 포크를 가져와라.

၂။ သူနဲ့ ရှမ်းပြည်နယ်ကို ခရီးသွားမယ်။ (순접) 그와 산주로 여행을 갈 겁니다.

၃။ ရန်ကုန်လာရင် ဦးမြသိန်းနဲ့တွေ့နိုင်တယ်။
(순접) 양공에 오면 먀떼잉씨를 만날 수 있습니다.

၄။ ခေါက်ဆွဲဆိုရင် ဇွန်းနဲ့ မစားရဘူး။ (도구) 국수라면 숟가락으로 먹을 수 없습니다.

၅။ အလံနဲ့ သင်္ဘော ဆိုက်ပြီ။ (도구) 깃발을 단 배가 도착했습니다.

၆။ မြေအောက်ရထားနဲ့ လာတယ်။ (수단) 지하철로 왔습니다.

၇။ ဒီထဘီက တစ်ခွန်းဈေးနဲ့ ရောင်းတာပါ။
(가격) 이 터메잉은 정찰제로 파는 것입니다.

(2) 명사(대명사) + **ကော** ၊ **ရော** : (대비 의문) ~은?

၁။ ကျွန်တော် ဈေးသွားမယ်။ ခင်ဗျားကော။
저는 시장에 갈 겁니다. 당신은요?

၂။ ရွာမှာ ရှိတယ်။ မြို့မှာရော။ 마을에는 있습니다. 도시에는요?

(3) 명사(대명사) + **တောင်** : ~조차

၁။ ကလေးတွေတောင် ဖတ်တတ်တယ်။ 아이들조차도 읽을 수 있습니다.

<table>
<tr><td>ဇွန်း</td><td>숟가락</td></tr>
<tr><td>ခက်ရင်း [hkəyin:]</td><td>포크</td></tr>
<tr><td>အလံ</td><td>깃발</td></tr>
<tr><td>သင်္ဘော [thin:bɔ:]</td><td>배, 선박</td></tr>
<tr><td>cf.လှေ</td><td>작은 배, 보트</td></tr>
<tr><td>မြေအောက်ရထား</td><td>지하철</td></tr>
<tr><td>တစ်ခွန်းဈေး</td><td>정찰제</td></tr>
<tr><td>ရောင်းတယ်။</td><td>판매하다</td></tr>
<tr><td>ရွာ</td><td>(시골) 마을</td></tr>
<tr><td>မြို့</td><td>도시</td></tr>
</table>

(4) 명사+ထက် : (비교) ~보다

၁။ ရန်ကုန်က မန္တလေးထက် ကျယ်ပြန့်တယ်။ 양공이 만달레보다 큽니다.

၂။ ကျွန်တော့် အစ်ကိုက ကျွန်တော့်ထက် သုံးနှစ် ကြီးတယ်။
제 형이 저보다 세 살 더 많습니다.

* 비교급은 ပို를 써서 만들 수 있고, ပို와 ထက်을 한 문장에서 쓰기도 한다.

၁။ ရန်ကုန်က မန္တလေးထက် ပိုကျယ်ပြန့်တယ်။ 양공이 만달레보다 큽니다.

၂။ သကြန်မှာ တိုင်းရင်းသားအားလုံး အခါတိုင်းထက်
ပိုပျော်ကြတယ်။ 띤장에는 민족 모두의 평상시보다 더 즐겁습니다.

(5) 명사(대명사)+နဲ့ပတ်သက်ပြီး : ~에 관해서

၁။ ဒီကွန်ပျူတာနဲ့ ပတ်သက်ပြီး ရှင်းပြမယ်။
이 컴퓨터에 관해서 설명하겠습니다.

(6) 명사(대명사)+~မှ : (부정) 전혀 ~없다

၁။ အခန်းထဲမှာ လူတစ်ယောက်မှ မရှိဘူး။
방에는 사람이 한 명도 없습니다.

* 조사로서 မှ는 "(시간과 장소의 시작점) ~부터"의 의미이다.

၁။ နောက်မှ တွေ့မယ်။ (시간) 다음에 다시 만나요.

၂။ ညကျမှ သူ လာတယ်။ (시간) 밤이 된 뒤에야 그가 왔습니다.

၃။ အင်းလေးမှ ထွက်တယ်။ (장소, 출발) 인레에서부터 출발했습니다.

③ 접속사

၁။ ဒါကြောင့် ၊ ဒါကြောင့်မို့လို့ 그러므로, 그래서

မြန်မာပြည်က ပြည်နယ်နဲ့ တိုင်းဒေသကြီးတွေ စုနေတဲ့
တိုင်းပြည်ပါ။ ဒါကြောင့် ပြည်ထောင်စုလို့ ခေါ်တယ်။
미얀마는 자치주와 행정주로 구성됩니다. 그래서 연방이라고 부릅니다.

ကျယ်ပြန့်တယ်။
(면적) 넓다

သကြန် [thingyan] 또는
[dhəgyan] 띤장(새해 물축제)

တိုင်းရင်းသား 소수민족

အားလုံး 모두

အခါတိုင်း 평상시

ပျော်တယ်။
즐겁다, 행복하다

ရှင်းပြတယ်။ 설명하다

အခန်း 방

ပြည်နယ် 자치주

တိုင်းဒေသကြီး 행정주

စုတယ်။ 모으다

ပြည်ထောင်စု
연방(union)

နိုင်ငံခြား 외국의

ခရီး 여행

ဖူးတယ်။
(경험) ~한 적 있다

၂။ ဒါပေမယ့် ၊ ဒါပေမဲ့ 그러나, 하지만

နိုင်ငံခြားကို ခရီးသွားဖူးတယ်။ ဒါပေမယ့် မြန်မာကို
မရောက်ဖူးဘူး။

외국을 여행해 봤습니다. 그러나 미얀마는 가 보지 않았습니다.

၃။ ဒါဆိုရင် 그렇다면

ဒီနေ့ သောကြာနေ့ပါ။ ဒါဆိုရင် မနက်ဖြန် စနေနေ့ပေါ့။

오늘은 금요일입니다. 그렇다면 내일은 (물론) 토요일입니다.

၄။ ဒါမှမဟုတ် (문두) 그렇지 않다면, 또는

အုန်းသီး 코코넛

ရို့ 젖(乳)

မုန့်ဟင်းခါး 몽힝가(메기
를 갈아 넣은 국수)

လိပ်တယ်။ 말다

ကျောင်းအုပ်ကြီး 교장

အုန်းနို့ခေါက်ဆွဲစားမယ်။ ဒါမှမဟုတ် မုန့်ဟင်းခါးယူမယ်။

코코넛국수를 먹겠습니다. 그렇지 않다면 몽힝가를 먹겠습니다.

၅။ သို့မဟုတ် (문중) 그렇지 않다면, 또는

ခေါက်ဆွဲ သို့မဟုတ် ထမင်းလိပ်ကို စားမယ်။

국수 아니면 김밥을 먹겠습니다.

၆။ ဒီတော့ ၊ အဲဒီတော့ 그래서

ကျောင်းအုပ်ကြီးက မောင်ဟန်ဇော်မင်းကို ခေါ်တယ်။ အဲဒီတော့
သူကျောင်းအုပ်ကြီးဆီကို သွားတယ်။

교장선생님이 항저밍을 불렀습니다. 그래서 그는 교장선생님이 있는 곳으로 갔습니다.

၇။ အဲဒီနောက် 그런 후

သင်္ချာ 수학

ပိတ်တယ်။ 닫다

ဖွင့်တယ်။ 열다

မောင်ဟန်ဇော်မင်းက သင်္ချာစာအုပ်ကို ပိတ်တယ်။ အဲဒီနောက်
မြန်မာစာအုပ်ကို ဖွင့်တယ်။

항저밍은 수학책을 덮었습니다. 그런 후 미얀마 책을 폈습니다.

၈။ နောက်ပြီး ၊ နောက်ပြီးတော့ ၊ ပြီးတော့ 그런 후, 그리고

မောင်ဟန်ဇော်မင်းက ဝတ္ထုစာအုပ်ကို ဖွင့်တယ်။ နောက်ပြီး

နေး:နေး: (시간) 천천히

နေး:နေး: ဖတ်တယ်။ 항저밍은 소설책을 폈습니다. 그리고 천천히 읽었습니다.

မန္တလေးမှာ ဘုရားပုထိုးတွေ အမျိုးမျိုးရှိတယ်။ ပြီးတော့ ရှေ့ဟောင်းအနုပညာလက်ရာတွေလည်း ရှိတယ်။

만달레에는 불탑들이 여러 종류 있습니다. 그리고 고대 예술작품들도 있습니다.

ဘုရားပုထိုး	불탑
ရှေ့ဟောင်း	고대의
အနုပညာ	예술
လက်ရာ	작품
ကုန်တင်ကား	화물차

၉။ ဆက်လက်ပြီး 계속해서

ကုန်တင်ကား တောင်ကြီး ရောက်ပြီ။ ဆက်လက်ပြီး မူဆယ်ကို သွားမယ်။ 화물차가 따웅지에 도착했습니다. 계속해서 무새로 갑니다.

၁၀။ တကယ်လို့ [dəgɛlou.] 만약

တကယ်လို့ မြောက်ကိုရီးယားကို ခရီးသွားရင် ...။

만약 북한을 여행한다면...

မြောက်	북(北)

၁၁။ ဘာပဲဖြစ်ဖြစ် 어쨌든, 무엇이든

ဘာပဲဖြစ်ဖြစ် မင်းကြိုက်တာ ယူ။ 무엇이든지 네가 좋은 것을 가져라.

၁၂။ ဘာကြောင့်လဲဆိုတော့ ၊ ဘာပြုလို့လဲဆိုတော့

၊ ဘာဖြစ်လို့လဲဆိုတော့ 왜냐하면

ဒီနေ့ စောစော ရုံးဆင်းရမယ်။ ဘာကြောင့်လဲဆိုတော့ ရည်းစားနဲ့ ချိန်းထားလို့။

오늘 일찍 퇴근해야 합니다. 왜냐하면 애인과 약속을 했기 때문에...

စောစော	(시간) 이른
ရုံးဆင်းတယ်။	퇴근하다
ချိန်းထားတယ်။	
약속하다	
ဥပမာ [u.pəma]	예를 들어
စသဖြင့်	~등

၁၃။ ဥပမာ [u.pəma] 예를 들어

မြန်မာနိုင်ငံမှာ ပြည်နယ်တွေ များတယ်။ ဥပမာ ကရင်၊ ကချင်၊ ကယား စသဖြင့် ပြည်နယ် ခုနစ်ခု ရှိတယ်။

미얀마에는 자치주들이 많습니다. 예를 들어 꺼잉, 꺼친, 꺼야 등 7개가 있습니다.

အသုံးပြု

🎧 6-2

1 사칙연산

ပေါင်းတယ်။	더하다	နုတ်တယ်။ [nouʔtɛ] 또는 [hnouʔtɛ]	빼다
မြှောက်တယ်။	곱하다	စားတယ်။	나누다

၁။ သုံးနဲ့ သုံးကို ပေါင်းရင် ခြောက် ရတယ်။

3에서 3을 더하면 6입니다.

၂။ တစ်ဆယ်ထဲက နှစ်ကို နုတ်တယ်။

10에서 2를 뺍니다.

၃။ တစ်ဆယ်ကို သုံးနဲ့ မြှောက်ရင် သုံးဆယ် ရတယ်။

10에서 3을 곱하면 30입니다.

၄။ တစ်ဆယ်ကို နှစ်နဲ့ စားတယ်။

10에서 2를 나눕니다.

2 분수(အပိုင်းဂဏန်း): 서수1 + ပုံ [boun] 서수2 + ပုံ

၁။ ကျွန်တော့် လခက ခင်ဗျား လခရဲ့ လေးပုံတစ်ပုံပဲ။

제 월급은 당신 월급의 1/4입니다.

၂။ ဘီယာ ခွက်ကို တစ်ဝက်ပဲ ထည့်ပါ။

맥주잔에 절반만 따르세요.

၃။ အခု သုံးနာရီခွဲပါ။

지금 3시30분입니다.

၄။ တစ်နာရီရဲ့ တစ်စိက်က နှစ်ဆယ့်ငါးမိနစ်ပါ။

한 시간의 1/4는 25분입니다.

တစ်ဝက် 1/2

ခွဲ 도 1/2이지만 양을 표현하지 않고, 수에만 쓴다.

တစ်စိက် 1/4

3 배수(အဆဂဏန်း): 서수 + ဆ

၁။ ဒီ စာအုပ်က ဟို စာအုပ်ထက် နှစ်ဆ ထူတယ်။

이 책은 저 책보다 두 배 두껍습니다.

4 소수(ဒသမကိန်း): 서수 + ဒသမ [da.thəma. 또는 daʔthəma.]

၁။ တစ်ဆယ်ကို သုံးနဲ့ စားရင် သုံးဒသမ သုံးသုံးသုံးသုံး ရတယ်။

10에서 3을 나누면 3.3333..이 됩니다.

5 길이(အရှည်), 무게(အလေးချိန်), 거리(အကွာအဝေး)

*미얀마의 단위는 영국식을 기본으로 함

မိုင်	마일	ကီလိုမီတာ	킬로미터
မီတာ	미터	စင်တီမီတာ	센티미터
ပေ	피트(30.48cm)	လက်မ	인치(엄지손가락 길이)
တောင်	약 18인치(팔뚝 길이)	ထွာ	약 9인치(한 뼘 길이)
ပေါင်	파운드	ပိဿာ [beiʔtha]	viss(약 1.65kg)
ဂရမ်	그램	ဧက [ɛka.]	에이커

၁။ တစ်မိုင် ဆိုတာ တစ်ဒသမခြောက် ကီလိုမီတာနဲ့ တူတယ်။

1마일은 1.6km와 같습니다.

၂။ နေပြည်တော်ဟာ ရန်ကုန်ကနေ မိုင် ၂၀၀ ဝေးတယ်။

네삐도는 양공에서 200마일 멉니다.

၃။ မြန်မာနိုင်ငံမှာ အလေးချိန် ယူနစ်အတွက် ဂရမ်ထက် ပိဿာကို အသုံးများတယ်။

미얀마에서는 무게 단위는 그람보다 베잇따를 많이 씁니다.

လေ့ကျင့်ခန်း

1 다음 빈칸에 알맞은 단어를 넣어 문장을 완성하시오.

1 ဒီနေ့ _____ ပြီး မနက်ဖြန် _____ မယ်။

(오늘은 비가 오고 내일은 눈이 올 예정입니다.)

2 အရင် လက်ဆေးပါ။ _____ ထမင်းစားပါ။

(손을 먼저 씻어라. 그리고 밥을 먹어라.)

3 တစ်ရာဟာ _____ ရဲ့ _____ ပါ။ (100은 25의 4배이다.)

4 တစ် _____ ဟာ _____ ကီလိုဂရမ်နဲ့တူတယ်။

(1 베잇따는 1.65kg과 비슷하다.)

5 ဗိုက် အရမ်း ဆာလို့ _____ စားနိုင်တယ်။

(배가 너무 고파서 무엇이든지 먹을 수 있다.)

2 다음 문장을 미얀마어로 작문하시오.

1 오늘 날씨는 무척 변덕스럽습니다.

----

2 미얀마는 한국보다 6배 큽니다.

----

3 밍글라동 공항에서 시내까지의 거리는 10마일입니다.

----

4 그 여배우에 대해서 더 알고 싶습니다.

----

5 양공에 가기 전 필요한 것이 있으면 말하세요.

ကျယ်ပြန့်တယ်။
(규모) 크다

မင်္ဂလာဒုံ လေဆိပ်
밍글라동 공항

101

식당에 가시겠어요?

စားသောက်ဆိုင် သွားမလို့လား။

စကားပြော 🎧 7-1

ဝင်းထက်နိုင်၊ စားသောက်ဆိုင်
원:텟?나잉　　　　　 싸:따웃?사잉

သွားမလို့လား ကွ။
똬:머ㄹ로.-ㄹ라: 과.

ဟုတ်ကဲ့ ခင်ဗျာ၊ မြန်မာအစားအစာ
호웃?깨.　 커먀　　 먄마　　어싸:어싸

စားချင်တယ်။
싸:진대

ကဲ၊ သွားလေ။ လှည်းတန်းမှာ
개:　 똬:-ㄹ래　　　　 흐-ㄹ래:당:흐마

နာမည်ကြီးတဲ့ ထမင်းဆိုင် ရှိတယ်။
나매찌:대.　　　　 터민:사잉　　 시.대

ကျွန်တော်တို့ မှာမယ်။ မီနူးပေးပါ။
쩌노도.　　　　 흐마매　　 미뉴:뻬:바

စားစရာ များတယ် နော်။ ခင်ဗျား
싸:저야　　 먀:대　　　 너　　 커먀:

ချိုတာ ကြိုက်လား။
초다　　 짜잇?ㄹ라:

မကြိုက်ဘူး။ ဆီ များများ
머짜잇?푸:　　　 시　 먀:먀:

ထည့်တာလည်း မကောင်းဘူးဗျ။
태.　　 다-ㄹ래:　　 머까웅:부:뱌.

윈텟나잉씨,
식당에 가겠습니까?

네. 미얀마 음식을 먹고
싶습니다.

네 갑시다. 흘래당에
유명한 미얀마식당이
있습니다.

저희 주문하겠습니다.
메뉴 주세요.

먹을 것이 많군요.
당신은 단 것을
좋아합니까?

좋아하지 않습니다.
기름이 많이 들어간 것도
좋지 않습니다.

ဝေါဟာရများ

ဟုတ်ကဲ့။ (긍정) 네, 그렇다

နာမည်ကြီးတယ်၊
ထင်ရှားတယ်။
유명하다

မှာတယ်။ 주문하다

မီနူး 메뉴

ချိုတယ်။ 달다

ဆီ 기름, 식용유

ထည့်တယ်။
넣다, 삽입하다, 붓다

အတွက် ~을 위해, ~때문에

မှို 버섯

ကန်စွန်းရွက်
고구마 줄기

ကန်စွန်းဥ 고구마

ထမင်းဖြူ 흰밥

တာပေါ့
(강한 긍정) ~ 하다마다

ကွ၊ တဲ့၊

(동사) ~တာပေ့၊

(동사) ~လေ

① ကွ 는 남성 연장자가 남성 연소자에게 말할 때 문미에 쓰는 감탄사로서 특별한 뜻은 없으나 문장을 화려하게 만들기 위해 쓴다.

② ကွ 는 여성 연장자가 여성 연소자에게 말을 할 때 쓴다. 코미디 형식의 만담에서 자주 사용한다.

③ တဲ့ 는 인용의 의미로 "~라네. ~한데"이다.

④ (동사) ~လေ 는 상대방이 어떤 행위를 기대하거나 행위의 반복을 요청할 때 쓴다.

ဒါဆိုရင် ပြည်လုံးချမ်းသာနဲ့
다소잉   삐-ㄹ롱:찬:다   내.

မှိုကန်စွန်းရွက် တစ်ပွဲစီ၊ ထမင်းဖြူ
흐모거중:유웻?   떠봬:씨   터민:뷰

နှစ်ပွဲ မှာမယ်။
흐너봬: 흐마매

그렇다면 전가복과 버섯고구마줄기요리 한 접시씩과 흰 밥 두 접시를 주문하겠습니다.

ညီလေး၊ ငါတို့ မှာတာ အားလုံး
니-ㄹ레: 응아도.   흐마다   아:-ㄹ롱:

နားလည်တယ် နော်။
나:-ㄹ래대   너

우리가 주문한 것을 모두 이해했습니까?

ဟုတ်ကဲ့၊ နားလည်ပါတယ်။
호웃?깨.   나:-ㄹ래   바대

네, 이해했습니다.

သဒ္ဒါ

① 기타 조사(2)

(1) 명사(대명사) +**အစား** : ~대신에

၁။ **လိမ္မော်သီးအစား သံပရာသီး ဝယ်တယ်**။ 오렌지 대신 라임을 샀습니다.

(2) 명사 +**အထိ** : (거리, 시간) ~까지

၁။ **ရန်ကုန်က မန္တလေးအထိ ကားနဲ့ လာတယ်**။
양공에서 만달레까지 차로 왔습니다.

၂။ **ဆောင်းရာသီအထိ မိုးခဏခဏ ရွာလေ့ရှိတယ်**။
건기까지 자주 비가 오곤 합니다.

(3) 명사(대명사) +**အနေနဲ့** 또는 **ဖြင့်** : (자격) ~로서

၁။ **ကျွန်တော့်အနေနဲ့ လုံးဝ ကူညီမပေးနိုင်ဘူး**။
저로서는 전혀 도와드릴 수 없습니다.

၂။ **ကျွန်တော်ဖြင့် ခင်ဗျားကို ကူညီဖို့ စိတ်ကူး လုံးဝ မရှိဘူး**။
저로서는 당신을 도와줄 의도가 전혀 없습니다.

(4) 명사(대명사) +**က လွဲပြီး၊ က လွဲလို့၊**

명사(대명사) +**အပြင်** : ~을(를) 제외하고

၁။ **ကျွန်တော်ကလွဲပြီး အားလုံး နောက်ကျတယ်**။
나를 제외하고 모두 늦었습니다.

၂။ **ကျွန်တော်ကလွဲလို့ အားလုံး နောက်ကျတယ်**။
나를 제외하고 모두 늦었습니다.

၃။ **ကျွန်တော့်အပြင် အားလုံး နောက်ကျတယ်**။
나를 제외하고 모두 늦었습니다.

လိမ္မော်သီး   오렌지

သံပရာသီး [thanbəyadhi:]
라임

ခဏခဏ   자주

စိတ်ကူးတယ်။
상상하다, 계획하다

ထမင်းပေါင်း 덮밥

အအေး 음료수

ဖွဲ့စည်းတယ်။
조직하다, 구성하다

အခြေခံ 기본의, 기초의

ဥပဒေ [u.bəde] 법(法)

cf.တရား (불교)법

ဖွဲ့စည်းပုံအခြေခံဥပဒေ
헌법

သမ္မတ [thəma.da.]
대통령

cf.ဝန်ကြီးချုပ် 총리

ဓလေ့၊ ထုံးစံ [htoun:zan]
전통

ပြိုင်တယ်။
경쟁하다, 겨루다

* 명사(대명사) + **က လွဲရင်** : ~을 제외하면

၁။ ထမင်းပေါင်းကလွဲရင် ဘာမှ စားစရာ မရှိဘူး။

덮밥을 제외하면 먹을 것이 없습니다.

(5) **명사(대명사) + ရယ်** : (열거) ~도, ~도

၁။ ထမင်းကြော်ရယ်၊ ခေါက်ဆွဲရယ်၊ အအေးရယ် မှာထားတယ်။

볶음밥, 국수, 음료수도 주문했습니다.

(6) **명사(대명사) + အရ 또는 အတိုင်း** : ~의하면, ~따라, ~따르면

၁။ ဖွဲ့စည်းပုံအခြေခံဥပဒေအရ သမ္မတက နိုင်ငံ့ခေါင်းဆောင်ပါ။

헌법에 따라 대통령은 국가수반입니다.

၂။ မြန်မာ့ဓလေ့အတိုင်း "ဦးချတယ်"လို့ ပြောတယ်။

미얀마 전통에 따르면 우차라고 부릅니다.

* 명사(대명사) + **တိုင်း** : ~마다

၁။ လတိုင်း ဘူဆန်ကို သွားတယ်။ 매달 부산을 갑니다.

* 명사(대명사) + **အလိုက်** : ~에 따라서

၁။ ဒီပြိုင်ပွဲက အသက်အလိုက် ပြိုင်ရတယ်။

이 시합은 연령에 따라서 경쟁합니다.

2 명사(1)

(1) 보통명사(단음절)

ကား [ka:]	자동차	ခါး [hka:]	허리, (맛) 쓴
ခြေ [che(i)]	발	ငါး [ŋa:]	(숫자) 5, 생선
စက် [sɛʔ]	기계	ဆား [hsa:]	소금
ဇွန်း [zun:]	숟가락	ညှောင် [nyaun]	보리수

တူ [tu]	젓가락, 남자조카, 망치, 같다	ထီ [hti]	복권
ထီး [hti:]	우산	ဓား [da:]	칼(刀)
နွား [nwa:]	소(牛)	ပါး [pa:]	볼, 뺨, 얇은, 날카로운, (유별사: 존경스러운 사람) ~분
ဖား [hpa:]	개구리	ဗိုလ် [bou]	군인
ဘွဲ့ [bwɛ.]	학위	မြစ် [myiʔ]	강(江)
ယုန် [youn]	토끼	ရေ [ye]	물
ရွှေ [shwe]	황금	လက် [lɛʔ]	손
ဝက် [wɛʔ]	돼지	သား [tha:]	아들
အုတ် [ouʔ]	벽돌		

(2) 보통명사(다음절): 2음절 이상으로 구성되어 각 음절을 분리하면 고유의 의미가 사라짐.

ကောလိပ် [kɔ:leiʔ]	2년제 대학, 단과대학	ကောင်းကင် [kaun:gin]	하늘
ခုတင် [gədin]	침대	ငလျင် [ŋəlyin]	지진
စေတီ [zedi]	불탑(출입 불가능)	ဆရာ [hsəya]	선생님
ဌာန [htana.]	과(課)	တရား [təya:]	법(法)
ဒရယ် [dəyɛ]	사슴	ဓမ္မ [damma.]	정법(正法)
နမူနာ [nəmuna]	견본, 샘플	ပုထိုး [hpəhtou:]	불탑(출입 가능)
ဖေဖော်ဝါရီ [hpebɔwari]	2월	ဘီလူး [bəlu:]	식인귀(ogre)
ဘုရား [hpəya:]	불탑, 파고다	မနုဿ [mənouʔtha.]	사람(빨리어)

ယပ်တောင် [yuʔtaun]	부채	ရာဇ [yaza.]	연대기
လောဘ [lɔ:ba.]	욕심	ဝါဒ [wada.]	이념
သနပ်ခါး [thənaʔhka:]	떠나카(얼굴에 바르는 자외선 차단제, 백단향)	အစိုးရ [əsou:ya.]	정부

(3) အ로 시작하는 다음절명사

미얀마어에서 흔히 볼 수 있는 명사의 형태로서 အ + 명사(또는 동사/ 형용사)가 원형이
다. 예를 들어 과일의 경우 통칭 အသီး이지만, 파파야를 표현하고자 하면 전치한 အ를
생략하고 대신 파파야를 의미하는 သင်္ဘော와 သီး를 조합한다. 과일 이외에 육류, 감각
과 관련된 단어, 친족어(남녀 성별 구별 포함), 양태 등 다양한 단어들이 여기에 해당한다.

① အ + 명사와 결합하는 경우

원형	의미	활용	의미
အကြမ်း [əkyan:]	원료	ကုန်ကြမ်း [koungyan:]	원자재
အခ [əhka.]	보수, 급료	အိမ်ခ [einga.]	집세
အခန်း [əhkan:]	방	ဧည့်ခန်း [ɛ.gan:]	응접실
အငွေ့ [əŋwe.]	증기, 열기	ကိုယ်ငွေ့ [kouŋwe.]	체온
အဆက် [əhsɛʔ]	연결	မျိုးဆက် [myou:zɛʔ]	세대
အနံ့ [ənan.]	냄새	နှမ်းဆီနံ့ [hnan:hsinan.]	참기름냄새
အပင် [əpin]	나무	ထင်းရှူးပင် [htin:shu:pin]	소나무
အမျိုး [əmyou:]	종류	ဆွေမျိုး [hswemyou:]	친척
အရေး [əye:]	점(點), 사항	ပညာရေး [pyinnyaye:]	교육
အရည် [əye]	액체	မျက်ရည် [myɛʔye]	눈물
အရွက် [əywɛʔ]	잎	စာရွက် [saywɛʔ]	종이(紙)

အသား [ətha:]	육고기	အမဲသား [əmɛ:dha:]	소고기 (နွားသား (×))
အသီး [əthi:]	과일	မက်မွန်သီး [mɛʔmundhi:]	복숭아
အသံ [əthan]	소리	တူသံ [tudhan]	망치소리

② **အ** + 형용사(동사)와 결합하는 경우

원형	의미	활용	의미
အကြီး [əkyi:]	큰, 크기	လူကြီး [lugyi:]	어른
အကြော် [əkyɔ]	튀김	ဘူးသီးကြော် [budhi:gyɔ]	호박튀김
အချို [əchou]	맛이 단, 달다	ရှောက်ချို [shauʔchou]	감귤
အချက် [əchɛʔ]	점(點), 사실	တူညီချက် [tunyichɛʔ]	유사점
အခြင်း [əchin:]	(사건, 행위) ~ 하는 것	ကြောက်ရွံ့ခြင်း [kyauʔyun.gyin:]	두려움
အခွင့် [əhkwin.]	허가	ဝင်ခွင့် [wingwin.]	입허가
အဆုံး [əhsoun:]	끝	လမ်းဆုံး [lan:zoun:]	사거리
အဆက် [əhsɛʔ]	연결	မျိုးဆက် [myou:hsɛʔ]	세대
အနီ [əni]	빨간색	နှုတ်ခမ်းနီ [hnəhkan:ni]	립스틱
အတန်း [ətan:]	강의	သင်တန်း [thindan:]	강의
အထီး [əhti:]	수컷	နွားထီး [nwa:hti:]	수소
အပူ [əpu]	열(熱)	ရေပူ [yebu]	온수
အဖျက် [əhpyɛʔ]	파괴, 삭제	ခဲဖျက် [hkɛ:byɛʔ]	지우개
အများ [əmya:]	다수	သူများ [thumya:]	다른 사람들

အမြင့် [əmyin.]	높이	နန်းမြင့် [nan:myin.]	망대탑
အမှု [əhmu.]	사건	ခံစားမှု [hkanza:hmu.]	경험
အရေး [əye:]	점(點), 사항	ဆောက်လုပ်ရေး [hsau?lou?ye:]	건설

③ **အ** + 명사의 주의할 형태:

다음의 단어들은 전치하는 အ와 후치하는 단어가 분리될 경우 그 뜻이 명확하지 않다. 즉 အ + 명사 형태라고 하더라도 반드시 "① အ + 명사"로 결합하는 것은 아님에 유의하자.

အကျိုး [əkyou:]	이익, 이득	အကုန် [əkoun]	전체
အဆင် [əhsin]	무늬	အဆိပ် [əhsei?]	독(毒)
အတိတ် [ətei?]	과거	အနာဂတ် [ənaga?]	미래
အမှိုက် [əhmai?]	쓰레기, 휴지	အမွေး [əmwe:]	털

အသုံးပြု

🎧 7-2

1 맛의 표현

ချိုတယ်။	달다	ချိုမြိန်တယ်။	달콤하다
ခါးတယ်။	쓰다	စပ်တယ်။	맵다
ငန်တယ်။	짜다	ပေါ့တယ်။	싱겁다
ချဉ်တယ်။	시다	ဖန်တယ်။	떫다
ဆိမ့်တယ်။	고소하다	မြည်းကြည့်တယ်။	간(맛)을 보다
အရသာ အတော်ပဲ။	간이 맞다	အရသာ ပေါ့တယ်။	간이 싱겁다
အရသာ လေးတယ်။	간이 짜다		

2 음식과 관련된 단어

(1) 밥

ဆန် [hsan]	(탈곡된) 쌀	စပါး [zəba:]	(탈곡 안 된) 벼
ထမင်း [htəmin:]	밥	ထမင်းပေါင်း [htəmin:baun:]	덮밥
ထမင်းလိပ် [htəmin:lei?]	김밥	ထမင်းသုပ် [htəmin:thou?]	비빔밥
ကောက်ညှင်း [kau?hnin:]	찹쌀		

(2) 면

ခေါက်ဆွဲ [hkau?hswɛ:]	(일반) 국수, 라면
* ပဲခေါက်ဆွဲ [pɛ:hkau?hswɛ:]	짜장면

* ခေါက်ဆွဲအေး [hkauʔhswɛ:e:]	냉면
ဂျုံ [gyoun]	밀
ဂျုံမှုန့် [gyounhmoun.]	밀가루
ကြာဆံ [kyazan]	(면발이 얇은) 국수(vermicelli) * ကြာဇံ (×)
တီ [ti]	(면발이 굵은) 국수, 주로 비빔용 국수
ပြား [bya:]	(면발이 넓적한) 국수

(3) 요리

အသုပ် [əthouʔ]	비빔	ex) နန်းကြီးသုပ် (면발 굵은) 비빔국수
အကင် [əkin]	구이, 꼬치	ex) ဝက်သားကင် 돼지고기 꼬치
အကြော် [əkyɔ]	볶은 요리, 튀긴 요리	ex) ခေါက်ဆွဲကြော် 볶음국수
အပြုတ် [əpyouʔ]	삶다. 삶은 요리	ex) ရှမ်းခေါက်ဆွဲ (အရည်) 샨(물)국수
ဆူတယ် [hsu]	끓이다	
ချက်တယ် [chɛʔ]	(일반적) 요리하다	ex) ထမင်းချက်တယ်။ 취사하다
ဆီချက် [hsigyɛʔ]	볶음 요리	ex) ဆီချက်ခေါက်ဆွဲ 오리(돼지)를 넣은 튀김 국수
ဟင်း [hin:]	반찬, 요리	ex) ပုစွန်ဟင်း 새우요리
ဟင်းချို [hin:gyou]	국, 국물	
အမြည်း [əmyi:]	안주, 전채(前菜)	
ချိုချဉ် [chougyin]	달고 시큼한 요리	ex) ဝက်ချိုချဉ် 탕수육
ချဉ်စပ် [chinzaʔ]	시고 매운 요리	ex) ကြက်ချဉ်စပ် 닭고기 매운 볶음
အစိမ်းကြော် [əsein:kyɔ]	녹색 채소볶음	

မုန့်. [moun.]	과자	ex) ရေခဲမုန့် 아이스크림
ရေသန့်. [yedhan.]	정수(淨水)	
အချိုပွဲ [əchoubwɛ:]	디저트	
အအေး(အချိုရည်) [əe:] [əchouye] ၊ ဖျော်ရည် [hpyɔye]	음료수	

(4) 양념

ဆား [hsa:]	소금	သကြား [dhəgya:]	설탕
ပဲငံပြာရည် [pɛ:ŋanbyaye]	간장	ငရုတ်ကောင်း [ŋəyouʔkaun:]	후추
ငရုတ်ဆီ [ŋəyouʔhsi]	고추장	ရှာလကာရည် [shala.kaye]	식초
ငံပြာရည် [ŋanbyayi]	액젓	ငါးပိ [ŋəpi.]	생선 젓갈
အချိုမှုန့်. [əchouhmoun.]	조미료	ပဲဆီ [pɛ:zi]	식용유(콩기름)
နှမ်းဆီ [hnan:zi]	참기름	နံနံပင် [nannanbin]	고수
ဟင်းသီးဟင်းရွက် [hin:dhi:hin:ywɛʔ]	채소		

(5) 대표적 음식

မုန့်ဟင်းခါး [moun.hin:ga:] 몽힝가	메기를 갈아 만든 쌀국수
လက်ဖက်သုပ် [ləhpɛʔthouʔ] 러펫똑	견과류와 찻잎을 꿀에 무친 전채 또는 디저트
ဒံပေါက် [dambauʔ] 담바웃	인도식 닭고기 카레 볶음밥
ပလာတာ [pəlata] 뻘라따	인도식 팬케이크
စမူဆာ [səmuhsa] 사무사	인도식 튀김
အီကြာကွေး [igyakwe:] 아자꿰	중국식 빵

③ 식당에서 쓰는 표현

၁။ ဒီအနားမှာ

디어나:흐마

이 근처에
괜찮은 식당 있습니까?

စားသောက်ဆိုင်ကောင်းကောင်း ရှိသလား။

싸:따웃?사잉   까웅:가웅: 시.더-ㄹ라:

၂။ စားသောက်ဆိုင်က ဟို အဆောက်အအုံ

싸:따웃?사잉가.   호   어사웃?어옹

식당은 저 건물 앞에
있습니다.

ရှေ့ဘက်မှာ ရှိတယ်။

쉐.벳?흐마   시.대

၃။ တစ်ယောက်တည်းလား။

떠야웃?태:-ㄹ라:

혼자입니까?
몇 명입니까?

ဘယ်နှယောက်လဲ။

배흐너야웃?래: •

၄။ ငါးယောက်ပါ။ အဖွဲ့ပါ။

응아:야웃?빠   어패.바

5명입니다. 그룹입니다.

၅။ အဲယားကွန်အခန်း ယူမလား။

애:야:꿍:어캉: 유머-ㄹ라:

에어컨 방으로 하시겠어요?
바깥에서 드시겠어요?

အပြင်မှာ သုံးဆောင်မလား။

어삥흐마   똥:사웅머-ㄹ라:

၆။ မီနူးယူခဲ့ပါ။ မီနူးပေးပါ။

미뉴: 유개.바   미뉴:뻬:바

메뉴 보여주세요.

၇။ မြန်မာအစားအစာ စားတဲ့အခါ အရင်

먄마어싸:어싸   싸:대.어카   어잉

미얀마 음식을 먹을 때
먼저 세면대에서 손을
씻어야 합니다.

ဘေစင် (ရေဇလုံ)မှာ လက်ဆေးရတယ်။

베싱   (예저-ㄹ롱)   흐마   렛?세:야.대

၈။ စိတ်ကြိုက် မှာပါ။

쎄잇?짜잇?   흐마바

좋아하는 음식을
주문하세요.

၉။ လူကြီးတွေနဲ့ အတူ စားရင်
루지:돼내.   어뚜   싸:잉

어른들과 함께 식사하면
어른들에게 먼저 "우 차"를
해야 합니다.

လူကြီးတွေကို အရင် "ဦးချ" ရတယ်။
루지:돼고   어잉   우:차.   야.대

၁၀။ ဝက်ချို့ချဉ်နဲ့ ကြက်ချဉ်စပ် နှစ်ပွဲ
웻?초친내.   쩻?친싿?   흐너봬:

돼지요리와 닭요리
두 접시를 주문했습니다.

မှာထားတယ်။
흐마타:대

၁၁။ စပ်တာ မကြိုက်ဘူး။
싿?따   머짜잇?푸:

매운 것을 좋아하지
않습니다.

၁၂။ အသားဟင်း ဆီပြန်တွေ မမှာနဲ့။
어따:힌: 시뱡돼   머흐마내.

식용유가 들어간 고기 반찬
을 주문하지 마세요.

၁၃။ ထမင်းပေါင်း၊ ထမင်းသုပ်၊
터민:바웅: 터민:또욱?

덮밥, 비빔밥, 김치
주문하겠습니다.

ချဉ်ဖတ်(ဂင်(မ်)ချီ)တွေ မှာမယ်။
친팟?   (긴(ㅁ)치)   돼   흐마매

၁၄။ ဘောက်ချာ ယူလာခဲ့ပါ။
바웃?차   유-ㄹ라개.바

계산서 가져오세요.

၁၅။ ရှင်းမယ်။
싱:매

계산하겠습니다
(얼마에요?)

၁၆။ ကျန်တာတွေ သပ်သပ် ပါဆယ်ထုပ်ပေးပါ။
짠다돼   땁?땁?   빠새   토욱?뻬:바

남은 음식은 따로 싸주세요.

လေ့ကျင့်ခန်း

① 다음 빈칸에 알맞은 단어를 넣어 문장을 완성하시오.

1 ဆိုးလ် .... ဘူဆန် .... ကားနဲ့ လေးနာရီကျော် ကြာတယ်။

서울에서 부산까지 차로 4시간 넘게 걸립니다.

2 ဒီနေ့ သတင်းစာ .... မိုးရွာမယ်။

오늘 신문에 따르면 비가 올 겁니다.

3 ဒီ .... ကတော့ ကျွန်တော်နဲ့ .... ဘူး။

이 사건은 나와 상관없습니다.

4 နှစ် .... မြန်မာနိုင်ငံက သူငယ်ချင်းက
အလည်လာတယ်။

매년 미얀마에서 친구가 놀러 옵니다.

5 မြန်မာလူမျိုး .... ဟာဒေသ .... ၊ အချိန်
.... ၊ အခြေအနေ .... မှာ မတူတဲ့
အစားအစာတွေကို စားတတ်တယ်။

미얀마 사람들은 지역마다, 시기마다, 상황마다 동일하지 않은 음식을 먹습니다.

2 다음 문장을 미얀마어로 작문하시오.

1 저는 짠 것을 좋아합니다.

----

2 설탕, 소금, 식용유를 넣어야 합니다.

----

3 소금을 많이 넣으면 음식이 짭니다.

----

4 국수 대신 밥을 먹으면 건강에 좋습니다.

----

5 저로서는 최선을 다했습니다.

အကောင်းဆုံး
လုပ်တယ်။ 최선을 다하다

116

빈방 있어요?
အခန်းလွတ် ရှိလား။

စကားပြော

🎧 8-1

အခန်းလွတ် ရှိလား။
어캉: 룻? 시.-ㄹ라:

빈 방 있습니까?

ရှိတာပေါ့။ ဘယ်လို အခန်းမျိုး
시.다보. 배-ㄹ로 어캉:묘

လိုချင်လဲ။
로진래:

있다말구요. 어떤 종류의
룸을 원하십니까?

ဆောရီးပါ။ ဒီနေ့ ဘိုကင် ပြည့်နေပြီ။
소:리:바 디네. 보낑 삐. 네비

죄송합니다. 오늘 예약이
다 찼습니다.

တစ်ယောက်ခန်း မဟုတ်ရင်
떠야웃?캉: 머호웃?잉

နှစ်ယောက်ခန်း ယူမယ်။
흐너야웃?캉: 유매

싱글룸 아니면 트윈룸
원합니다.

တစ်ခန်းနဲ့ တစ်ခန်း ဈေးမတူဘူး။
더캉:내. 더캉: 제:머뚜부:

룸 종류에 따라 가격이
다릅니다.

တစ်ယောက်ခန်းက တစ်ရက်ကို
떠야웃?캉:가. 떠옛?꼬

ဒေါ်လာ တစ်ရာပဲ။
도-ㄹ라 떠야배:

싱글룸은 하루에
100 달러입니다.

နှစ်ယောက်ခန်းက တစ်ညကို ဒေါ်လာ
흐너야웃?캉:가. 떠냐.고 도-ㄹ라

တစ်ရာ့နှစ်ဆယ်ပါ။
떠야.흐너새바

트윈룸은 하루에
120달러입니다.

တစ်ယောက်ခန်းက မိန်းဘေ(လ်)ဒင်
떠야웃?캉:가. 메잉:베(ㄹ)딩
(ပင်မအဆောက်အအုံ)မှာ ရှိတယ်။
(삔마.어사웃?어옹) 흐마 시.대

싱글룸은 본관에 있습니다.

နှစ်ယောက်ခန်းကတော့ အိပ်(ခ်စ်)
흐너야웃?캉:가.도. 에잇?(ㅊ)
တင်းရှင်းဆောင်(တိုးချဲ့ဆောင်)မှာ
띤:신:사웅 (또:채.사웅)흐마
တွေ့လိမ့်မယ်။
뛔.레잉.매

트윈룸은 별관에 있습니다.

ချက်အင်နဲ့ ချက်အောက်ကို ဒီ
쳇?잉내. 쳇?아웃?꼬 디
ဧည့်ကြိုကောင်တာမှာ လုပ်နိုင်တယ်။
애.쪼 까운따흐마 로웃?나잉대

체크인과 체크아웃은 여기 프런트 데스크에서 할 수 있습니다.

ဝန်ထမ်းတွေက လော်ဘီမှာ
원당:뒈가. 로비흐마
(ဧည့်ခန်းမှာ) အမြဲတမ်း အသင့်
(애.강:흐마) 어매:당: 어띤.
ရှိတယ်။
시.대

직원들이 항상 로비에 대기합니다.

ဟုတ်ကဲ့ပါ။ ဒါဆို မနက် ခြောက်နာရီမှာ
호웃?깨.바 다소 머넷? 차웃?나이흐마
(ကျွန်တော့်/ ကျွန်မကို) နှိုးပေးပါ။
(쩌노./쩌마.고) 흐노:뻬:바

알겠습니다.
그러면 내일 아침 6시에 모닝콜 부탁합니다.

သဒ္ဒါ

1 명사(2)

(1) 2음절 이상 동사(형용사)의 양음절에 접두사 အ가 붙는 경우

양음절에서 အ를 삭제하면 동사(형용사, 명사) 원형이 된다.

အကူအညီ [əkuənyi]	도움	→ ကူညီတယ်။	돕다
အခက်အခဲ [əhkɛʔəhkɛ:]	곤경, 어려움	→ ခက်ခဲ	어려운
အချုပ်အနှောင် [əchouʔəhnaun]	구금, 감금	→ ချုပ်နှောင်တယ်။	묶어놓다, 결박하다
အခြင်းအရာ [əchin:əya]	상황, 사건	→ ခြင်းရာ	사건, 문제
အခွဲအစိတ် [əhkwɛ:əseiʔ]	분배, 수술	→ ခွဲစိတ်တယ်။	자르다, 수술하다
အစီအစဉ် [əsiəsin]	계획	→ စီစဉ်တယ်။	계획하다
အစည်းအဝေး [əsi:əwe:]	회의, 미팅	→ စည်းဝေးတယ်။	회의하다
အစစ်အဆေး [əsiʔəhse:]	검사, 조사	→ စစ်ဆေးတယ်။	조사하다
အနှောင့်အယှက် [əhnaun.əshɛʔ]	방해, 훼방	→ နှောင့်ယှက်တယ်။	방해하다
အလုပ်အကိုင် [əlouʔəkain]	직업	→ လုပ်ကိုင်တယ်။	(생계)일하다

* 주의해야 할 단어: 위 형태이지만 분리할 경우 다른 뜻이 되는 경우

အခမ်းအနား [əhkan:əna:] 행사, 의식 → ခမ်းနား (장엄한)

(2) 2음절 이상 명사(형용사)의 양음절에 접두사 အ가 붙지만 다른 의미의 명사 인 경우

အခွင့်အရေး [əhkwin.əye:]	기회	→ အခွင့် (기회, 허가) + အရေး (점, 사항)
အထောက်အထား [əhtauʔəhta:]	증거	
အပူအပင် [əpuəpin]	걱정	
အလားအလာ [əla:əla]	미래	

* 주의해야 할 단어: 위 형태이지만 분리할 경우 다른 뜻이 되는 경우

အဆောက်အအုံ [əhsauʔəoun] 건물 → အဆောက် (연장의 손잡이) + အအုံ (건물)

အရေအတွက် [əyeətwɛʔ] 양, 수 → အရေ (피부) + အတွက် (계산)

(3) 복합명사

명사 + 명사(또는 형용사, 동사) 등 다음절의 단어들이 합쳐져 명사가 되는 경우, 두 번째 음절은 대부분 음절약화와 유성음화 현상이 발생한다.

ကုန်တိုက် [koundaiʔ]	백화점	→ ကုန် (상품) + တိုက် (건물)
ကုန်ကြမ်း [koungyan:]	원료, 원자재	→ ကုန် (상품) + ကြမ်း (거친, 원래의)
ကြက်ခြေနီ [kyɛʔchini]	적십자	→ ကြက် (닭) + ခြေ (발) + နီ (빨간)
ကြေးအိုး [kye:ou:]	동항아리, 음식이름	→ ကြေး (동) + အိုး (항아리)
ကျောက်စာ [kyauʔsa]	비문(碑文)	→ ကျောက် (돌, 암석) + စာ (글, 문자)
ကျောက်စိမ်း [kyauʔsein:]	옥(玉), 비취	→ ကျောက် (돌, 암석) + စိမ်း (녹색의)
ခြင်ဆေး [chinhse:]	모기약	→ ခြင် (모기) + ဆေး (약)
ခြင်ထောင် [chindaun]	모기장	→ ခြင် (모기) + ထောင် (감옥, 가두다)
စာအိတ် [saeiʔ]	봉투	→ စာ (글씨, 문자) + အိတ် (주머니, 가방)
ဆန်ပြုတ် [hsanbyouʔ]	죽(粥)	→ ဆန် (탈곡된 쌀) + ပြုတ်တယ် (끓이다)

ဒဏ်ငွေ [danŋwe]	벌금	→ ဒဏ် (벌) + ငွေ (돈)
ဓာတ်လှေကား [daʔhleka:]	엘리베이터	→ ဓာတ် (전기, 동력) + လှေကား (계단)
ထွက်ပေါက် [htwɛʔpauʔ]	출구	→ ထွက်တယ် (나가다, 출발하다) + အပေါက် (출구)
တိုက်ခန်း [taiʔhkan:]	아파트	→ တိုက် (건물) + ခန်း (방)
ပန်းခြံ [pan:gyan]	공원	→ ပန်း (꽃) + ခြံ (정원)
မီးခြစ် [mi:gyiʔ]	성냥	→ မီး (불) + ခြစ်တယ် (긁다, 문지르다)
မီးပူ [mi:bu]	다리미	→ မီး (불) + ပူတယ် (뜨거운, 뜨겁다)
ရေနွေး [yenwe:]	온수(溫水)	→ ရေ (물) + နွေး (따뜻한)
ရေခဲမုန့် [yegɛ:moun.]	아이스크림	→ ရေခဲ (ရေ + ခဲ) (얼음) + မုန့် (과자)
ရွှေတံဆိပ် [shwedəzeiʔ]	금메달	→ ရွှေ (황금) + တံဆိပ် (메달, 표식, 딱지)
လက်ပတ်နာရီ [lɛʔpaʔnayi]	손목시계	→ လက် (손) + ပတ်တယ် (둘러싸다) + နာရီ (시계)
သူနာပြု [thənabyu.]	간호사	→ သူနာ (သူ + နာတယ်) (환자) + ပြု (ပြုစုတယ်) (돌보다, 행하다)
သွားကြားထိုးတံ [thwa:gya:htou:dan]	이쑤시개	→ သွား (치아) + ကြား (사이) + ထိုးတယ် (찌르다) + အတံ (막대기)

(4) 유사한 의미의 명사가 결합한 경우(문어체에 자주 사용)

두 번째 음절은 대부분 음절약화와 유성음화 현상이 발생함.

ကောင်းချီး [kaun:chi:]	축복, 찬성	→ ကောင်းတယ် (좋다, 좋은) + ချီးမြှောက်မှု၊ ချီးကျူးဂုဏ်ပြုမှု (칭찬,축복)
ကိန်းဂဏန်း [kein:gənan:]	숫자	→ ကိန်း (수) + ဂဏန်း (수)
ကုန်ဈေးနှုန်း [kounze:hnoun:]	가격	→ ကုန် (상품) + ဈေးနှုန်း (ဈေး + နှုန်း) (가격)
ခန်းမ [hkan:ma.]	홀, 회관	→ အခန်း (방) + မ (큰, 핵심의)
ထိုင်ခုံ [htaingoun]	의자	→ ကုလားထိုင် (ကုလား + ထိုင်တယ်) (의자) + ခုံ (의자)
မိဘ [mi.ba.]	부모	→ အမိ (어머니) + အဘ (아버지)
လင်မယား [linməya:]	부부	→ လင် (남편) + မယား (부인)
လယ်ယာ [lɛya]	전답(田畓)	→ လယ် (논) + ယာ (밭)
သားသမီး [tha:dhəmi:]	자제	→ သား (아들) + သမီး (딸)
အခြေအနေ [əcheəne]	상황	→ အခြေ (기초) + အနေ (상황)
အစားအစာ [əsa:əsa]	음식	→ အစား (먹을 것, 음식) + အစာ (음식)
အလယ်အလတ် [əlɛəlaʔ]	중급, 중간	→ အလယ် (중간, 가운데) + အလတ် (중간 크기)
အသက်အရွယ် [əthɛʔəywɛ]	연령, 나이	→ အသက် (연령, 숨) + အရွယ် (연령)
အသစ်အဆန်း [əthiʔəhsan:]	새로움, 신기함	→ အသစ် (새로운 것) + အဆန်း (비범한 것)

2 **명사화 접미사**

(1) 동사(형용사) + ချက်

အချက်(점, 중점, 요점)에서 파생된 접미사로 사고, 인식 등

ကြေညာချက် [kyenyachɛʔ]	광고, 선전
စီရင်ချက် [siyinchɛʔ]	(법)판결
ဆုံးဖြတ်ချက် [hsoun:hpyaʔchɛʔ]	결정
တောင်းဆိုချက် [taun:hsouchɛʔ]	요구, 부탁
ထူးခြားချက် [htu:gya:chɛʔ]	특이점
ပြောဆိုချက် [pyɔ:hsouchɛʔ]	언급
ရည်မှန်းချက် [yihman:chɛʔ]	희망, 소망
ရည်ရွက်ချက် [yiywɛʔchɛʔ]	목적
လိုအပ်ချက် [louaʔchɛʔ]	요구사항

(2) 동사(형용사) + ခြင်း

အခြင်း(사건)에서 파생된 접미사로 개별적이고 구체적 사건, '~것' 등으로 구나 절로 만드는 역할

ကြောက်ရွံ့ခြင်း [kyauʔyun.gyin:]	두려움, 공포
စားသောက်ခြင်း [sa:thauʔchin:]	취식
သွားလာခြင်း [thwa:lagyin:]	왕복
အရက်သောက်ခြင်း [əyɛʔthauʔchin:]	음주
ရေကူးခြင်း [yeku:gyin:]	수영

(3) 동사(형용사) + စရာ
동사를 형용사화는 기능, 즉 '~하는 것, ~하는 행위' 등

စားစရာ [sa:zəya]	먹을 것	ပြောစရာ [pyɔ:zəya]	할 말
လုပ်စရာ [louʔsəya]	할 일(것)	သွားစရာ [thwa:zəya]	갈 일

*စရာ의 다른 용법: 감정 동사 + စရာ [zəya] ကောင်းတယ်။ 대단히 ~(동사) 하다.

ex) ဒီကလေးဟာ ချစ်စရာ ကောင်းတယ်။ 이 아이는 대단히 귀엽다.

ဒီကလေးဟာ သနားစရာ ကောင်းတယ်။ 이 아이는 대단히 연민스럽다.

ဒီသတင်းက အံ့ဩစရာ ကောင်းတယ်။ 이 소식은 대단히 놀랍다.

(4) 동사(형용사) + ပုံ
동사의 모양이나 모습을 나타내는 표현으로 모양이나 형태 등

စားပုံ [sa:boun]	먹는 모양
နေပုံထိုင်ပုံ [nebounhtainboun]	생활양식
ပျော်ပုံ [byɔboun]	즐거운 모양

(5) 동사(형용사) + မှု
အမှု(사건, 행위)에서 파생된 접미사로 중요하게 여길 행위와 사건 등

ကောင်းမှု [kaun:hmu.]	공덕, 기부
တောင်းပန်မှု [taun:banhmu.]	사과(謝過)
ဓားပြမှု [dəbyahmu.]	강도(짓)
နားလည်မှု [na:lɛhmu.]	이해
ယဉ်ကျေးမှု [yinkye:hmu.]	문화
လှုပ်ရှားမှု [hlouʔsha:hmu.]	운동(movement)

(6) 동사(형용사) 또는 명사+ရေး

အရေး(사항, 점)에서 파생된 접미사로 흔적이 남는 기록, 요건, 문제 등

ကျန်းမာရေး [kyan:maye:]	건강	
ချစ်ကြည်ရေး [chiʔkyiye:]	우호	
စားဝတ်နေရေး [sa:wuʔneye:]	의식주	
စီးပွားရေး [si:bwa:ye:]	경제	→ စီးပွား (번영)+အရေး
စိုက်ပျိုးရေး [saiʔpyou:ye:]	농업, 경작	
ဆောက်လုပ်ရေး [hsauʔlouʔye:]	건설	
နိုင်ငံရေး [nainanye:]	정치	→ နိုင်ငံ (국가)+အရေး
နိုင်ငံခြားရေး [nainangya:ye:]	외교	→ နိုင်ငံခြား(နိုင်ငံ +အခြား)(외국) +အရေး
ပညာရေး [pyinnyaye:]	교육	→ ပညာ (학문, 지식)+အရေး
ပြည်ထဲရေး [pyidɛ:ye:]	내무	→ ပြည်ထဲ(ပြည် +အထဲ)+အရေး

(7) 일부 단어들은 명사화 접미사를 혼용해서 쓰기도 한다.

ခံစားချက် [hkanza:chɛʔ] । ခံစားမှု [hkanza:mhu.]	경험
ဆက်ဆံမှု [hsɛʔhsanmhu.] । ဆက်ဆံရေး [hsɛʔhsanye:]	관계
အုပ်ချုပ်မှု [ouʔchouʔmhu.] । အုပ်ချုပ်ရေး [ouʔchouʔye:]	통치
စစ်ဆေးမှု [siʔhse:mhu.] । စစ်ဆေးရေး [siʔhse:ye:]	검사, 조사

(8) 동사(형용사) + ～ရာ

အရာ(흔적, 인상, 물체, 일, 점)에서 파생된 접미사로 주로 장소와 관련됨.

ကြိုက်ရာ [kyai?ya]	좋아하는 것	ခြေရာ [chiya]	발자취
ဆိုင်ရာ [hsainya]	관계되는 곳	နေရာ [neya]	장소

3 명사구와 명사절

주어와 동사의 유무에 따라 구와 절로 나누어지며, 구와 절의 성격에 따라 주어 및 목적어 등에 다양하게 활용된다.

(1) 동사 + တာ : 종조사 တယ် 가 명사화한 것으로 '～것, ～하기'의 의미이다. 동사를 명사화할 때 앞에서 언급된 명사화 접미사가 없을 경우 တာ 를 붙여 명사화한다.

၁။ ကျွန်တော် မှာတာ အားလုံး မှတ်မိလား။

내가 주문한 것을 모두 기억합니까?

၂။ ဒီမှာ စောင့်နေတာ အကြာကြီးပဲ။

여기서 기다린 것이 무척 오래됐습니다.

(2) 동사 + မှာ : 종조사 မယ် 가 명사화한 것으로 미래 또는 추측의 '～것, ～하기'의 의미이다.

၁။ သူဟာ မြန်မာမှာ တစ်နှစ်လောက်နေမှာမယ်။

그는 미얀마에 1년 정도 머물 예정입니다.

၂။ ဒီ သတင်းသာ သူ ကြားရင် သူတော့ ငိုမှာ။

이 소식을 그가 들으면 그는 울 것입니다.

(3) 동사 + မှန်း : 명확한 사실로 받아지는 일이나 사건의 경우에 쓴다. 따라서 မှန်း 뒤에는 항상 인지 동사를 쓴다.

၁။ သူ ခရီးသွားနေမှန်း သိတယ်။ 그가 여행 중인 것을 명확히 알고 있습니다.

၂။ လေးနာရီမှာ သူနဲ့ ချိန်ထားမှန်း မသိဘူး။

4시에 그와 약속한 것을 몰랐습니다.

အသုံးပြု

🎧 8-2

① 대중교통 이용하기

တက္ကစီ 택시

အားတယ်။ 한가하다, 힘

တက်တယ်။
오르다, 탑승하다

တက္ကစီ အခု အားလား။
ထက်?씨 어쿠. 아:-ㄹ라:

택시. 지금 한가합니까?
(타도 됩니까?)

အားပါတယ်။ ဘယ် သွားမလဲ။
아:바대 배 ㄸ:머-ㄹ래:

네 한가합니다(네 됩니다.).
어디가시겠어요?

ရွှေတိဂုံဘုရား သွားချင်လို့ပါ။
쉐더공퍼야: ㄸ: 진 로.바

쉐더공파고다 가고
싶습니다.

ရပါတယ်။ တက်ပါ။
야.바대 ㄸ?빠

가능합니다. 타세요.

ဟုတ်ကဲ့။ ဘယ်လောက် ပေးရမလဲ။
호웃?깨. 배-ㄹ라옷? 뻬:야.머-ㄹ래:

네. 얼마 드려야합니까?
(얼마에요?)

မရဘူး။ အဲဒီဘက်ကို ကားကျပ်လို့
머야.부: 애:디벳?꼬 까:짯?로.

안됩니다. 그쪽은 차가
막혀서 안가고 싶습니다.

မသွားချင်ဘူး။
머따:진부:

ရွှေတိဂုံဘုရားမှာ တစ်ယောက်ကို ခဏ
쉐더공퍼야:흐마 떠야웃?꼬 커나.

쉐더공파고다에서 한 명이
잠시 내리고, 계속해서 대학
로로 갈 겁니다.

ချပြီး တက္ကသိုလ်လမ်းကို ဆက် သွားမယ်။
차.비: ㄸ?까.또랑:고 셋? 따:매

ချတယ်။ 떨어뜨리다

ရပ်တယ်။
서다, 정지하다, 일어서다

ဆင်းတယ်။
내려가다, 하차하다

ကွေ့တယ်၊ ချိုးတယ်။
꺾다

ဒီမှာ ရပ်ပါ။
디흐마 얏?빠

여기 세워주세요.

ဒီမှာ ဆင်းမယ်။
디흐마 싱:매

여기서 내릴게요.

ညာဘက်ကို ကွေ့ပါ။
냐벳?꼬 꿰.바

오른쪽으로 가주세요
(꺾어주세요.)

ဘယ်ဘက်ကို ချိုးပါ။
배벳?꼬 쵸:바
왼쪽으로 가주세요 (꺾어주세요.)

တည့်တည့် သွားပါ။
때.대. 똬:바
직진해주세요.

ပြန် လှည့်ပါ။
빵 흘래.바
후진해 주세요.

နည်းနည်း ဆက် သွားပါ။
내:-ㄴ내: 셋? 똬:바
조금 더 가주세요.

ဒီ ဘတ်စကား ဗိုလ်ချုပ်ဈေးကို ရောက်လား။
디 밧?쓰?까: 보족?제:고 야웃?라:
이 버스는 보족시장을 갑니까?

ဗိုလ်ချုပ်ဈေး အနားက မှတ်တိုင်မှာ ရပ်မယ်။
보족?제: 어나:가. 흐맛?따잉흐마 얏?매
보족시장 근처 정류장에 섭니다.

ဟို မှတ်တိုင်ကနေ နံပါတ် (၄၃)ကို
호 흐맛?따잉거네 남밧? 레:재.똥:고
ပြောင်းစီးပါ။
빠웅:씨:바
저 정류장에서 43번으로 갈아타세요.

လှည့်တယ်။
배회하다, 이러저리 다니다

အနား၊ အနီး 근처

မှတ်တိုင် 정류장

ပြောင်းစီးတယ်။
갈아타다

2 방향 (ဦးတည်ရာ)

အရှေ့(ဘက်)	동(쪽)	အနောက်(ဘက်)	서(쪽)
တောင်(ဘက်)	남(쪽)	မြောက်(ဘက်)	북(쪽)
အရပ်လေးမျက်နှာ	사방	တည့်တည့်	똑바로, 정면으로
အပေါ်	위	အောက်	아래
ရှေ့	앞(前)	နောက်	뒤(後), 이후
အပြင်	밖	အတွင်း	안

ဘေး	옆	နံဘေး	곁
ဘယ်ဘက်	왼쪽 *ဘယ်သန် [bɛdhan] 왼손잡이 *လက်ဝဲ 좌파	ညာဘက်	오른쪽 *ညာသန် [nyadhan] 오른손잡이 *လက်ယာ (လက်ျာ) 우파
အကြား၊ အလယ်	가운데	ဆန့်ကျင်ဘက်	반대편
မျက်နှာချင်းဆိုင်	붙은 편	ထောင့် [daun.]	구석

လေ့ကျင့်ခန်း

1 다음 빈칸에 알맞은 단어를 넣어 문장을 완성하시오.

1 __________ များများ စားရင် ဗိုက်နာတယ်။

아이스크림을 많이 먹으면 배가 아프다.

2 __________ ဘယ် __________ ယောက် ရှိသလဲ။

자제는 몇 명 있습니까?

3 ကွမ်းတံတွေး ထွေးရင် __________ ပေးရတယ်။

꿍을 뱉으면 벌금 5천 짯을 내야합니다.

4 __________ နဲ့ __________ မှာ အများဆိုင်နာမ် “ခြင်”ပါတယ်။

모기장과 모기약에는 모기라는 명사가 들어간다.

5 ဒီ ဘုရားဟာ ဦးကျော်ရဲ့ __________ နဲ့ ဆောက် __________ ပါ။

이 불탑은 우 쪼씨의 공덕으로 건축된 것이다.

6 ဟိုမှာ တစ်ယောက် ခဏ __________ ပြီး တက္ကသိုလ်လမ်းကို
__________ သွားမယ်။

저기에서 한 명이 잠시 내리고, 대학로로 갈 겁니다.

7 မနက်ဖြန် သူနဲ့ တွေ့ __________ မမေ့ပါနဲ့။

내일 그와 만날 일을 잊지 마세요.

8 ဒေါ်အောင်ဆန်းစုကြည် ရေးတဲ့ စာအုပ်က “__________ မှ
လွတ်ကင်းရေး”ပါ။

아웅산수찌가 쓴 책은 “두려움으로부터 해방”입니다.

② **다음 문장을 미얀마어로 작문하시오.**

1 남쪽의 반대쪽은 북쪽입니다.

----

2 이 영화는 무척 재미있습니다. (ဝ ရာ 사용)

----

3 당신은 왼손잡이, 나는 오른손잡이입니다.

အစိုးရအဖွဲ့   내각

4 미얀마의 내각 가운데에는 내무부와 외무부가 있습니다.

----

5 제가 말한 것을 적었습니까?

သင်ခန်းစာ 09

환전하고 싶어요.

ပိုက်ဆံ လဲချင်တယ်။

စကားပြော

9-1

ဒီ ကောင်တာမှာ ဒေါ်လာ လဲလို့ ရလား။
디 까운따 흐마 도-ㄹ라 래:-ㄹ로. 야.-ㄹ라:
이 카운터에서 달러를 환전해도 됩니까?

ရပါတယ်။ ဘယ်လောက် လဲမလဲ။
야.바대 배-ㄹ 라웃? 래:머-ㄹ래:
네. 얼마나 환전하실 겁니까?

ဒီနေ့ ဈေးနှုန်းက ဘယ်လောက်လဲ။
디네. 제:흐농:가. 배-ㄹ 라웃?래:
오늘 환율은 얼마입니까?

ဒီနေ့ ၁၃၅၀ ပါ။
디네. 타웅.똥야.응아재바
오늘 1,350짯입니다.

ဟုတ်လား။ မနေ့ကထက် နည်းနည်း တက်လာတယ်နော်။
호웃?라: 머네.가.텟? 내:-ㄴ내: 뗏?라대너
그래요? 어제보다 조금 더 올랐군요.

ဟုတ်တယ်။ ဘယ်လောက် လဲမလဲ။
호웃?때 배-ㄹ 라웃? 래:머-ㄹ래:
그렇습니다. 얼마 환전하실 겁니까?

အမေရိကန် ဒေါ်လာ ၃၀၀ လောက် လဲမယ်။
어메리깐 도-ㄹ라 똥:야 라웃? 래:매
미화 300달러를 바꾸겠습니다.

ဝေါဟာရများ

ကောင်တာ 카운터

ဒေါ်လာ 달러

လဲတယ်။ (화폐) 바꾸다, 교환하다.

ဈေးနှုန်း 가격

ပတ်(စ်)ပို့၊ နိုင်ငံကူးလက်မှတ် 여권

ပိုက်ဆံ 돈, 화폐

ဆက်တယ်။ 연결하다

ပတ်(စ်)ပို့ ပြပါ။
빳?(쓰)뽀. 빠.바

여권을 보여주세요.

ပတ်(စ်)ပို့ မပါဘူး ဗျ။
빳?(쓰)뽀. 머빠부: 뱌.

여권이 없습니다.

ပတ်(စ်)ပို့ မပါရင် ပိုက်ဆံ လဲလို့
빳?(쓰)뽀. 머빠잉 빠잇?상 래:-ㄹ로.

မရဘူး။
머야.부:

여권이 없으면 환전할 수 없습니다.

ဒုက္ခပဲ။ ဒီနေ့ ဘယ်နှနာရီမှာ
도웃?카.배: 디네. 배흐너나이흐마

ပိတ်မှာလဲ။
뻬잇?흐마-ㄹ래:

저런! 오늘 몇 시에 끝나요?

၄ နာရီခွဲမှပါ၊ ပြန် လာမလား။
레:나이괘:흐마.바 빵 라 머-ㄹ라:

4시 반입니다.
다시 오실 겁니까?

ဟုတ်ကဲ့။ မလာခင်
호웃?깨. 머-ㄹ라깅

ဖုန်းဆက်ကြည့်ပါမယ်။
퐁: 셋? 찌.바매

네. 오기 전 전화하겠습니다.

သဒ္ဒါ

1 단음절동사

미얀마어는 형용사에 종조사를 붙이면 동사가 된다. 동사는 고유 품사로 시제와 인칭에 따라 변형되지 않는다.

ကတယ်။	춤추다	ခေါ်တယ်။	부르다, 호출하다
ငိုတယ်။	울다	စောင့်တယ်။	기다리다
ဆပ်တယ်။	되돌려주다	တီးတယ်။	(악기) 연주하다, 두드리다
ထုတ်တယ်။	생산하다, 빼내다	နေတယ်။	거주하다
ပို့တယ်။	보내다	ဖက်တယ်။	안다
မုန်းတယ်။	싫어하다	မှုတ်တယ်။	(악기) 불다
ယူတယ်။	가지다	ရောင်းတယ်။	팔다
လုပ်တယ်။	일하다		

2 다음절동사

두 개 이상의 음절이 조합된 것으로서 다음과 같다.

(1) 의미가 다른 동사들의 조합

두 단어가 조합하여 한 단어가 되며, 중심이 되는 한 단어만 사용해도 무방하다. 이 단어들은 주로 문어체에서 사용한다.

ကိုက်ညီတယ်။	동의하다	→ ကိုက်တယ်။(쥐다) + ညီတယ်။(동일하다)
ကြည့်ရှုတယ်။	관람하다	→ ကြည့်တယ်။(보다) + ရှုတယ်။(보다)
ကျင့်သုံးတယ်။	실행하다	→ ကျင့်တယ်။(실행하다) + သုံးတယ်။(사용하다)
စုဆောင်းတယ်။	저축하다	→ စုတယ်။(모으다) + ဆောင်းတယ်။(기여하다, 여분을 두다)
စည်းလုံးညီညာတယ်။	통일하다	→ စည်းလုံးတယ်။(통일하다) + ညီညာတယ်။(통일하다)

စွဲကပ်တယ်။	첨부하다 → စွဲတယ်။(붙이다) + ကပ်တယ်။(붙이다)
တီးမှုတ်တယ်။	연주하다 → တီးတယ်။(치다) + မှုတ်တယ်။(불다)
တိုးမြှင့်တယ်။	상승하다 → တိုးတယ်။(오르다) + မြှင့်တယ်။(올리다)
တည်းခိုတယ်။	숙박하다 → တည်းတယ်။(머물다) + ခိုတယ်။(피하다)
ပြုလုပ်တယ်။	만들다 → ပြုတယ်။(행하다) + လုပ်တယ်။(일하다)
လုံလောက်တယ်။	충분하다 → လုံတယ်။(완전히 덮다) + လောက်တယ်။(충분하다)

(2) 명사와 동사의 결합(1)

인간의 신체와 동사(형용사)가 결합하여 동사가 되는 경우

၁။ ခေါင်း (머리)과 결합하는 단어

동사	비고
ခေါင်းကိုက်တယ်။ 두통을 앓다	ကိုက်တယ်။ 때리다
ခေါင်းခါတယ်။ 부정하다	ခါတယ်။ 좌우로 흔들다
ခေါင်းခံတယ်။ 책임지다, 비난하다	ခံတယ်။ 수용하다
ခေါင်းချတယ်။ 자다, 죽다	ချတယ်။ 떨어뜨리다
ခေါင်းဆောင်တယ်။ 이끌다	ဆောင်တယ်။ 실행하다
ခေါင်းညိတ်တယ်။ 동의하다	ညိတ်တယ်။ 상하로 끄덕이다
ခေါင်းတည်တယ်။ 지도자를 선출하다	တည်တယ်။ 세우다
ခေါင်းနောက်တယ် ၊ ခေါင်းရှုပ်တယ်။ 복잡하다, 혼란스럽다	နောက်တယ်။ 탁하다 ရှုပ်တယ်။ 섞이다, 불명확하다
ခေါင်းပါးတယ်။ [gaun:pa:dɛ] 부족하다	ပါးတယ်။ 얇다
ခေါင်းပူတယ်။ 걱정하다	ပူတယ်။ 뜨겁다
ခေါင်းဖြီးတယ်။ 빗질하다	ဖြီးတယ်။ 빗질하다
ခေါင်းမာတယ်။ 완고하다	မာတယ်။ 단단하다
ခေါင်းမူးတယ်။ 취하다, 중독되다.	မူးတယ်။ 취하다
ခေါင်းရှောင်တယ်။ 책임을 회피하다	ရှောင်တယ်။ 피하다
ခေါင်းလျှော်တယ်။ 머리를 감다	လျှော်တယ်။ 세탁하다

၂။ **စိတ်** (마음)과 결합하는 단어

동사	비고
စိတ်ကူးတယ်။ 상상하다, 계획하다	**ကူးတယ်။** 건너다
စိတ်ကုန်တယ်။ 흥미를 잃다, 싫증내다	**ကုန်တယ်။** 소모하다
စိတ်ခုတယ်။ 분개하다	**ခုတယ်။** 공격하다, 반대하다
စိတ်ချတယ်။ 안심하다	**ချတယ်။** 떨어뜨리다
စိတ်ငယ်တယ်။ 침체하다	**ငယ်တယ်။** 작다
စိတ်စုစည်းတယ်။ 집중하다	**စုစည်းတယ်။** 모으다
စိတ်ဆိုးတယ်။ 화나다	**ဆိုးတယ်။** 나쁘다
စိတ်ညစ်တယ်။ 삐치다	**ညစ်တယ်။** 더럽다, 악취나다
စိတ်တူတယ်။ 동의하다	**တူတယ်။** 같다
စိတ်တိုတယ်။ 성질이 급하다	**တိုတယ်။** 짧다
စိတ်ထွက်တယ်။ 화나다	**ထွက်တယ်။** 출발하다, 나가다
စိတ်နောက်တယ်။ 미치다	**နောက်တယ်။** 탁하다
စိတ်ပူတယ်။ 걱정하다	**ပူတယ်။** 뜨겁다
စိတ်ပျက်တယ်။ 실망하다	**ပျက်တယ်။** 파괴되다
စိတ်ရှည်တယ်။ 인내심이 있다	**ရှည်တယ်။** 길다
စိတ်လေတယ်။ 빗나가다, 방황하다	**လေတယ်။** 헤매다, 써버리다
စိတ်ဝင်စားတယ်။ 흥미롭다, 관심있다	**ဝင်စားတယ်။** 흡수하다, 들어가다
စိတ်သက်သာတယ်။ (마음)완화되다	**သက်သာတယ်။** 나아지다, 쉽다, 완화하다

၃။ **နား** (귀)와 결합하는 단어

동사	비고
နားကျတယ်။ 수용하다	ကျတယ်။ 떨어지다
နားကြားလွဲတယ်။ 오해하다	(အ)ကြားလွဲတယ်။ 잘못 듣다
နားချတယ်။ 설득하다	ချတယ်။ 떨어뜨리다
နားစိုက်တယ်။ 조심스럽게 듣다	စိုက်တယ်။ 심다
နားစွင့်တယ်။ 귀기울여 듣다	စွင့်တယ်။ 고결하다, 급증하다
နားထောင်တယ်။ 집중해서 듣다	ထောင်တယ်။ 세우다
နားပါးတယ်။ 귀가 밝다	ပါးတယ်။ 얇다
နားပေါက်တယ်။ 이해하다	ပေါက်တယ်။ 열리다
နားယောင်တယ်။ 속다	ယောင်တယ်။ 잘못되다
နားရှက်တယ်။ (부끄러운 말을 들었을 때) 당황하다	ရှက်တယ်။ 부끄럽다
နားလည်တယ်။ 이해하다	လည်တယ်။ 돌다
နားလှည့်တယ်။ 속이다	လှည့်တယ်။ 이리저리 돌아다니다
နားဝင်တယ်။ 수용하다	ဝင်တယ်။ 들어가다

၄။ **နှလုံး** (심장)과 결합하는 단어

동사	비고
နှလုံးခုန်တယ်။ 심장이 뛰다	ခုန်တယ်။ 뛰다
နှလုံးခွေတယ်။ 매우 기뻐하다	ခွေတယ်။(တွေ့တယ်။/တွေ့ယမ်းတယ်။) 들이받다
နှလုံးနာတယ်။ 메스껍다	နာတယ်။ 아프다
နှလုံးပြုတယ်။ 마음에 두다	ပြုတယ်။ 행하다
နှလုံးလှတယ်။ 마음씨가 곱다	လှတယ်။ 아름답다
နှလုံးပိုက်တယ်။ နှလုံးသွင်းတယ်။ 참다 *무엇을 이해하고 마음속으로 다짐하여 노력할 때	ပိုက်တယ်။ 참다, 견디다 / သွင်းတယ်။ 집어넣다

137

၅။ နှုတ် (입, 연설하다)과 결합하는 단어

동사	비고
နှုတ်ဆော့တယ်။ 입이 가볍다, 수다스럽다	ဆော့တယ်။ 장난하다, 만지작거리다
နှုတ်ဆက်တယ်။ 인사하다, 안부 전하다	ဆက်တယ်။ 연결하다
နှုတ်ပေါ့တယ်။ 입이 가볍다, 수다스럽다	ပေါ့တယ်။ 가볍다
နှုတ်လေးတယ်။ 입이 무겁다	လေးတယ်။ 무겁다
နှုတ်ပိတ်တယ်။ 침묵하다, 죽이다	ပိတ်တယ်။ 닫다
နှုတ်သွက်တယ်။ (언변) 유창하다	သွက်တယ်။ 빠른, 유창한

၆။ သဘော (성격)와 결합하는 단어

동사	비고
သဘောကောင်းတယ်။ 성격이 좋다	ကောင်းတယ်။ 좋다
သဘောကျတယ်။ 마음에 들다	ကျတယ်။ 떨어지다
သဘော(ထား)ကွဲတယ်။ 동의하지 않다	ကွဲတယ်။ 부서지다, 분리되다
သဘောတူတယ်။ 동의하다	တူတယ်။ 동일하다
သဘောထားတယ်။ 간주하다	ထားတယ်။ 놓다, 두다
သဘောနုတယ်။ 미숙하다	နုတယ်။ 부드럽다
သဘောပေါက်တယ်။ 이해하다	ပေါက်တယ်။ 열리다

အသုံးပြု

🎧 9-2

1 은행 이용하기

ဒေါ်လာ လဲချင်တယ်။
도-ㄹ라 래:진대

ဒီနေ့ ဘယ်ဈေးလဲ။
디네. 배 제:-ㄹ래:

달러를 환전하고 싶습니다.
오늘 얼마입니까?

ဒီနေ့ ၈၉၅ ပါ။ ဘယ်လောက် လဲမလဲ။
디네. 씻?야.꼬재.응아바 배-ㄹ라웃? 래:머-ㄹ래:

네. 얼마나 환전하실 겁니까?

ဒေါ်လာ ၂၀၀ နဲ့ ယူရို ၁၀၀ ပါ။
도-ㄹ라 흐너야 내. 유로 떠:야바

200 달러와 100 유로입니다.

စုစုပေါင်း ၂၇၉၀ ရပါမယ်။
수.주.바웅: 흐너타웅.쿠너야.꼬:재 야.바매

합계 2,790짯입니다.

ယူရိုဈေးက ၁၀၀၀ ပါ။
유로제:가. 떠타웅바

유로는 1천 짯입니다.

အခြား ဘာ ကူညီပေးရမလဲ။
어차: 바 꾸니 뻬:야.머-ㄹ래:

다른 것은 뭐가 필요하십니까?

အကြွေးဝယ်ကတ်အသစ် တစ်ခု
어쮀:왜깟? 어띳? 떠쿠.

လုပ်ချင်တယ်။
로웃?친대

신용카드 한 장을 발행하고 싶습니다.

အဲဒါ မရဘူး။ ဒါပေမယ့်
애:다 머야.부: 다베매.

ဘဏ်ကတ်တော့ လုပ်လို့ ရတယ်။
반땟?또. 로웃?로. 야.대

그것은 불가능합니다. 그러나 은행에 가서 발행할 수 있습니다.

ယူရို 유로화

အကြွေးဝယ်ကတ် 신용카드

ထုပ် 싸다, 포장하다

ဘဏ်ကတ် 현금카드

ငွေသွင်းငွေထုတ်စက်၊ အလိုအလျောက်ငွေထုတ်စက် (ဖွစ်ကြ်) 자동입출금기

ပိုက်ဆံလွှဲ တယ်။ 이체하다

ဘဏ်စာအုပ် 통장

ဖြည့်တယ်။ 채우다

စာရွက် (ပုံစံ၊ လျှောက်လွှာ) 서류

တိုကင်ယူတယ်။ 번호표를 뽑다

ငွေသွင်းငွေထုတ်စက် (ATMစက်)မှာ
응웨드윙: 응웨토웃?쎘?   (ATM쎘?)흐마

현금인출기에서
사용 가능합니다.

သုံးလို့ရတယ်။
똥:로.야.대

အဲဒီ ကတ်နဲ့ ပိုက်ဆံ လွှဲလို့ ရတယ်။
애:디   깟?   내.   빠잇?상   흘래:-ㄹ로.   야.대

그 카드로 돈을 이체할 수
있습니다.

ဘဏ်ကတ် မလုပ်ခင် ဘဏ်စာအုပ်
반깟?   머-ㄹ로웃?킹   반싸웃?

현금카드를 발급하기
전 통장이 있어야 합니다.

လုပ်ရမယ်။
로웃?야.매

ဒီ စာရွက်ကို ဖြည့်ပြီး တိုကင်ယူပါ။
디   싸유웻?꼬   피예.비: 또낑유바

이 종이에 적고,
번호표를 받으세요.

အဲဒီ ပုံစံမှာ လက်မှတ်ထိုးဖို့
애:디   뿡장흐마   렛?흐맛?토:보.

종이에 서명하는 것을
잊지 마세요.

မမေ့ပါနဲ့။
머메.바내.

2 은행에서 사용하는 단어

ချက်(လက်မှတ်)[chɛʔ(lɛʔhmaʔ)]	수표
ငွေ[ŋwe]၊ ပိုက်ဆံ[paiʔhsan]	돈
ငွေစက္ကူ[ŋwesɛʔku]	지폐
ငွေပမာဏ[ŋwepəmana.]	금액
ငွေသား[ŋwedha:]	현금
ငွေသားလက်မှတ်ကတ်[ŋwedha:lɛʔhmaʔkaʔ]	현금카드
စာရင်းရှင်အပ်ငွေ[səyin:shinaʔŋwe]	당좌예금
စာရင်းသေအပ်ငွေ[səyin:dheaʔŋwe]	정기예금
စုဆောင်းခြင်း[su.hsaun:gyin:]	저축
တံဆိပ်တုံး[dəzeiʔtoun:]	도장
တံဆိပ်တုံးထုခြင်း[dəzeiʔtoun:htu.gyin:]	날인(捺印)
နိုင်ငံခြားသားမှတ်ပုံတင်ကတ် [naingangya:dha:hmaʔpountinkaʔ]	외국인등록증
ပိုက်ဆံချေးတယ်[paiʔhsanche:(i:)dɛ] * ငှားတယ်[hŋa:dɛ]	(돈) 빌리다 (물건) 빌리다
ပိုက်ဆံ(ငွေ)ထုတ်ခြင်း[paiʔhsan(ŋwe)htouʔchin:]	인출
ပိုက်ဆံ(ငွေ)သွင်းခြင်း[paiʔhsan(ŋwe)thwin:gyin:]	입금
ပိုက်ဆံ(ငွေ)ပို့ခြင်း[paiʔhsan(ŋwe)pou.gyin:] =ပိုက်ဆံ(ငွေ)လွှဲခြင်း	송금
ပိုက်ဆံ(ငွေ)လဲခြင်း[paiʔhsanlɛ:gyin:]	환전
ပုံမှန်ငွေအပ်နှံခြင်း[pounhmanŋweaʔhnangyin:]	보통예금
ဘဏ်[ban]	은행

ဘဏ်စာအုပ် [bansaouʔ]	통장
ဘဏ်စာအုပ်နံပါတ် [bansaouʔnanpaʔ]	계좌번호
မြန်မာငွေ [myəmaŋwe] cf. မြန်မာပိုက်ဆံ (x)	미얀마 화폐
ရေတွက်ခြင်း [yetwɛʔchin:]	셈
လဲနှုန်း [lɛ:hnoun:]	환율
(လက်)ကျန်ငွေပမာဏ [(lɛʔ)kyanŋwepəmana.]	잔액
လက်မှတ် [lɛʔhmaʔ]	서명
လက်မှတ်ထိုးခြင်း [lɛʔhmaʔhtou:gyin:]	서명날인
အကြွေစေ့ [əkyweze.] ၊ ဒင်္ဂါး [dinga:]	동전
အကြွေးဝယ်ကတ် [əkywe:wɛkaʔ]	신용카드
အတိုး [ətou:]	이자
အတိုးနှုန်း [ətou:hnoun:]	이자율
အခွန် [əhkun] ၊ အကောက်ခွန်	세금
အပ်ငွေ [aʔŋwe]	예금
အပ်ငွေပမာဏ [aʔŋwepəmana.]	예금액

လေ့ကျင့်ခန်း

1 다음 빈칸에 알맞은 단어를 넣어 문장을 완성하시오.

1 မြန်မာငွေကို ကိုရီးယားဝမ်နဲ့ .... ချင်တယ်။

미얀마 돈을 한국 원으로 바꾸고 싶습니다.

2 ဘာလုပ်ဖို့ကို .... ထားနေလဲ။

무엇을 상상하고 있습니까?

3 ဟို နိုင်ငံရေးသမားရဲ့ မိန့်ခွန်ဟာ ....
တယ်။

그 정치인의 연설은 유창합니다.

4 သူက ဒီဆုံးဖြတ်ချက်ကို သဘော .... တယ်။

그는 이 결정에 동의했습니다.

5 ကျွန်တော့် ရည်းစား ကျွန်တော်ပြောတာကို အမြဲ နား
.... တယ်။

제 여자친구는 제 말에 항상 귀를 기울여 듣습니다.

2 다음 문장을 미얀마어로 작문하시오.

1 피아노는 부는 것이 아니라 치는 것입니다.

စန္ဒရား 피아노

----

2 이 은행은 이자율이 낮습니다.

----

3 그는 처음에 동의했다가 나중에 반대했습니다(ခေါင်း 사용).

----

4 그는 항상 성질이 급해서 일들을 망칩니다.

အလုပ်ပျက်တယ်။
일을 망치다

----

5 걱정하지 마세요.

감기 걸렸어요.
အအေးမိသွားတယ်။

စကားပြော
🎧 10-1

အအေးမိတယ်။
감기에 걸리다

အအေး   추위

မိတယ်။   갑자기 ~하다,
자기도 모르게 ~하다

ရောဂါ   질병

အဖျား   열

ဖျားတယ်။   열나다.

ချောင်းဆိုးတယ်။
기침하다

ချောင်း   목, 기관지

ဆိုး   나쁜, 좋지 않은

ဆေးထိုးတယ်။
주사 놓다

ဆေး   약(藥)

ထိုးတယ်။   찌르다

သွေးပေါင်ချိန်တယ်။
혈압을 재다

ဆေးသောက်တယ်။
약을 먹다

အားဆေး သွင်းတယ်။
링거를 맞다.

ဘယ်လိုဖြစ်လို့ လာသလဲ။
배-ㄹ로   핏?로.   라더-ㄹ래:

어떻게 오셨습니까?

အအေးမိလို့ လာတာပါ။
어에:미-ㄹ로.   라다바

감기에 걸려서 왔습니다.

ရောဂါအခြေအနေ ဘယ်လိုလဲ။
요:가   어체어네   배-ㄹ로래:

증상은 어떻습니까?

အဖျား နည်းနည်း ရှိပြီး၊
어퍄   내:-ㄴ내: 시.비

열이 조금 있고, 기침합니다.

ချောင်းဆိုးတယ်။
차웅:소:대

ဘယ်တုန်းက စပြီး နေမကောင်း
배동:가.   싸.비: 네 머까웅:

언제부터 아팠습니까?

ဖြစ်သလဲ။
핏?떠-ㄹ래:

သုံး လေးရက်လောက် ကြာပြီ။
똥: 레: 옛?라웃?   짜비

3-4일 됐습니다.

သွေးပေါင်ချိန်က ပုံမှန်ပဲ။
뛔:바웅체잉가.   뽕흐망배:

혈압은 정상입니다.

စိတ်မပူနဲ့။ ဆေးထိုးမလား။
쎄잇?머뿌내.   세:토:머-ㄹ라:

걱정마세요.
주사 맞으시겠습니까?

မထိုးချင်ဘူး။
머토:진부:

ဆေးပဲ သောက်ချင်တယ်။
세:배: 따웃?친대

အစာစားပြီး မိနစ် ၃၀ လောက်
어싸   싸:비: 미.닛?   똥:재   라웃?

ကြာမှ နှစ်လုံး သောက်ပါ။
짜흐마.   흐너롱: 따웃?빠

မသွားခင် အားဆေး သွင်းပြီး
머따:깅   아:세: 뜨윙:비:

အနားယူပါ။
어나:유바

괜찮습니다.
약만 복용하고 싶어요.

식후 30분에 두 알을
복용하세요.

가기 전에 링거를 맞고
쉬세요.

အနားယူတယ်။
휴식하다, 퇴직하다

146

သဒ္ဒါ

① **다음절 동사**

(1) 명사와 동사의 결합(2)

인간의 신체와 동사(형용사)가 결합하는 경우가 다수이다.

၁။ မျက်စိ (눈)과 결합하는 단어

동사	비고
မျက်စိနောက်တယ်။ 시야를 방해하다	နောက်တယ်။ 탁하다
မျက်စိမှား(မှောက်)တယ်။ 실수하다	မှားတယ်။ 틀리다
	မှောက်တယ်။ 어둡다
မျက်စိရှက်တယ်။ 당혹스럽다	ရှက်တယ်။ 부끄럽다
မျက်စိလည်တယ်။ 헤매다	လည်တယ်။ 돌다

၂။ မျက်နှာ (얼굴)과 결합하는 단어

동사	비고
မျက်နှာ(ချင်း)ဆိုင်တယ်။ 대치하다	ဆိုင်တယ်။ 접하다
မျက်နှာငယ်တယ်။ 열등감을 느끼다	ငယ်တယ်။ 적다, 작다
မျက်နှာနာတယ်။ 어렵게 여기다	နာတယ်။ 아프다
မျက်နှာပူတယ်။ (얼굴이) 상기되다	ပူတယ်။ 뜨겁다
မျက်နှာပျက်တယ်။ 체면이 손상되다	ပျက်တယ်။ 파괴되다
မျက်နှာပွင့်တယ်။ 인기있다	ပွင့်တယ်။ 열다
မျက်နှာမြင်တယ်။ 출산하다	မြင်တယ်။ 예견하다
မျက်နှာအိုတယ်။ 슬퍼하다	အိုတယ်။ 오래되다

၃။ လက် (손)과 결합하는 단어

동사	비고
လက်ကုန်တယ်။ 한계에 도달하다	ကုန်တယ်။ 소모하다
လက်ခံတယ်။ 수용하다	ခံတယ်။ 수용하다
လက်ခုပ်တီးတယ်။ 박수치다	-
လက်ချတယ်။ 포기하다	ချတယ်။ 떨어뜨리다
လက်ဆေးတယ်။ 손을 씻다	ဆေးတယ်။ 씻다
လက်ဆောင်ထိုးတယ်။ 뇌물을 주다	-
လက်တွဲတယ်။ 연합하다	တွဲတယ်။ 연결하다, 부착하다
လက်ထပ်တယ်။ 결혼하다	ထပ်တယ်။ 포개다, 겹치다
လက်ပိုက်တယ်။ 팔짱끼다	ပိုက်တယ်။ 팔짱끼다
လက်ပြောင်းတယ်။ 넘겨주다	ပြောင်းတယ်။ 바꾸다
လက်လွဲတယ်။ 넘겨주다	လွဲတယ်။ 흔들다, 바꾸다, 피하다

၄။ ဝမ်း (배)와 결합하는 단어

동사	비고
ဝမ်းကြီးတယ်။ 임신하다	ကြီးတယ်။ 크다
ဝမ်းကွဲတယ်။ 원통하다	ကွဲတယ်။ 부서지다, 분리되다
ဝမ်းနည်းတယ်။ 슬퍼하다, 유감이다	နည်းတယ်။ 적다
ဝမ်းပျက်တယ်။ 설사하다	ပျက်တယ်။ 파괴되다
ဝမ်းသာတယ်။ 기쁘다	သာတယ်။ 즐겁다, 편안하다
ဝမ်းဟာတယ်။ 허기지다	ဟာတယ်။ 비다

၅။ **အား** (힘)과 결합하는 단어

동사	비고
အားကိုးတယ်။ 의지하다	ကိုးတယ်။ 의지하다
အားကျတယ်။ 모방하다, 부러워하다, 경쟁하다	ကျတယ်။ 떨어지다
အားခဲတယ်။ 단호하다	ခဲတယ်။ 결정하다
အားငယ်တယ်။ 낙담하다	ငယ်တယ်။ 작다.
အားတက်တယ်။ 격려받다	တက်တယ်။ 오르
အားတင်းတယ်။ 냉정해지다, 기운내다	တင်းတယ်။ 팽팽하게 하다
အားထားတယ်။ 의지하다	ထားတယ်။ 두다.
အားထုတ်တယ်။ 투쟁하다	ထုတ်တယ်။ 생산하다, 끄집어내다
အားနာတယ်။ 송구스럽다	နာတယ်။ 아프다
အားပေးတယ်။ 격려하다	ပေးတယ်။ 주다
အားရတယ်။ 만족스럽다	ရတယ်။ 가능하다

(2) 일부 형용사(동사)와 동사(형용사)의 결합으로 동사가 되는 경우

၁။ **ကောင်း** (좋은)과 결합하는 단어

ကောင်းစားတယ်။	번영하다	→ ကောင်း(좋은)+စားတယ်။(먹다)

၂။ **ကြီး** (큰)과 결합하는 단어

ကြီးကဲတယ်။	통치하다	→ ကြီး(큰)+ကဲတယ်။(통치하다)
ကြီးကြပ်တယ်။	감독하다	→ ကြီး(큰)+ကြပ်တယ်။(감독하다)
ကြီးထွားတယ်။	자라다, 발전하다	→ ကြီး(큰)+ထွား(큰)
ကြီးမှူးတယ်။	이끌다, 주도하다	→ ကြီး(큰)+မှူး(조언자)

2 **관용적 표현의 동사**

ခေတ်စားတယ်။	유행하다
ခေတ်မီတယ်။	최신의 cf. ခေတ်ပေါ် 현대적인, 동시대적인
ချိန်းထားတယ်။	약속하다
ဂရုစိုက်တယ်။	조심하다, 유의하다
စကားပြန်တယ်။	통역하다, 통역사[zəga:byan]
စကားများတယ်။	논쟁하다, 수다스럽다
ဒေါသထွက်တယ်။	화나다
နာမည်ကြီးတယ်။	유명하다
နောင်တရတယ်။	후회하다
မီးကင်တယ်။	(불에) 굽다
မီးငြှိမ်းတယ်။	불을 끄다, 소화하다 cf. မီးငြိမ်းတယ်။ 불이 꺼지다
မီးလောင်တယ်။	불이 나다, 점화되다
မိုးရွာတယ်။	비가 오다 cf. မိုးကျတယ်။(○), နှင်းကျတယ်။(○)
မျက်နှာသစ်တယ်။	세수하다 cf. မျက်နှာဆေးတယ်။(○), 일부는 사용함
ရေချိုးတယ်။	목욕하다
လာကြိုတယ်။	마중 나오다
လိုက်ပို့တယ်။	배웅하다, 따라 다니다
လမ်းလျှောက်တယ်။	산책하다
ဝယ်ကျွေးတယ်။	한턱내다
သီချင်းဆိုတယ်။	노래하다

သွားတိုက်တယ်။	양치하다
အရွယ်တင်တယ်။	동안(童顏)이다
အရွယ်ကျတယ်။	노안(老顏)이다

3 본동사

목적어의 행위나 상태를 나타낸다.

၁။ ကျွန်တော် စားသောက်ဆိုင်မှာ ထမင်း**စား**တယ်။

나는 식당에서 밥을 먹었습니다.

၂။ မနေ့က ဆေးရုံ**တက်**တယ်။ 어제 병원에 갔습니다.

၃။ အခု **သွား**နေတယ်။ 지금 가고 있습니다.

၄။ ဒီနေ့ စာမေးပွဲ**ဖြေ**မယ်။ 오늘 시험을 칠 예정입니다.

4 보조동사

본동사와 연결되어 행위나 상태를 수식하는 동사로서 없어도 문장은 성립된다.

၁။ အအေးတွေ သောက်**ကုန်ကြ**ပြီ။ 음료수를 다 마셔버렸습니다.

၂။ ဒီ စာအုပ်ကို ဖတ်**ကြည့်**မယ်။ 이 책을 읽어 보겠습니다.

၃။ ဒီ အချက်ကို သူ့ကို ပြော**ထား**ပါ။ 이 점을 그에게 말해 두세요.

၄။ အခု သွား**နေ**တယ်။ 지금 가고 있습니다.

၅။ ဓာတ်ပုံရိုက်**ပေး**ပါ။ 사진 찍어 주세요.

၆။ သာစည်မှာ ရထား **ပြောင်းစီး**ရမယ်။ 따지에서 기차를 갈아타야 합니다.

၇။ ထမင်းစားပြီးနောက် ဗိုက်တင်း**လာ**တယ်။

식사를 한 뒤 배가 불러왔습니다.

၈။ ဟို ဆိုင်မှာ ထမင်း**သွားစား**မယ်။ 저 식당에 가서 밥을 먹을 겁니다.

* ဟို ဆိုင်မှာ ထမင်း**စားသွား**မယ်။ 저 식당에 밥을 먹고, 갈 겁니다.

---

5 조동사(1)

보조동사와 같은 기능으로 본동사의 행위나 상태를 보조한다.

(1) 동사+ကြတယ်။ : 주어가 복수일 경우 사용하지만 생략해도 무방하다.

၁။ သားတွေ ကျောင်းကို သွားကြတယ်။ 아들들이 학교에 갔습니다.

၂။ သွားကြစို့။ 갑시다.

(2) 동사+ခဲ့တယ်။ : 과거시제, (가까운 미래의 이동) ~하고 오다(가다).

၁။ သူ မြစ်ကြီးနားကို ရောက်ခဲ့တယ်။ (과거) 그는 밋찌나에 도착했습니다.

၂။ မြန်မြန် လာခဲ့ပါ။ (가까운 미래) 빨리 오세요.

(3) 동사+ချင်တယ်။ : (소망) ~하고 싶다, (추측, 가능) ~할지도 모른다.

၁။ ကျောင်းပိတ်ရက်မှာ မြန်မာနိုင်ငံကို သွားချင်တယ်။

(소망) 방학에 미안마에 가고 싶습니다.

၂။ ဒီမြေအောက်မှာ အဖိုးတန်ပစ္စည်း ရှိချင်ရှိမယ်။

(추측) 이 땅 아래에 보물이 있을지도 모릅니다.

အဖိုးတန်ပစ္စည်း 보물

cf. တန်ဖိုး 가치

6 **조동사(2): 가능, 능력, 습관**

(1) 동사 + နိုင်တယ်။ : (가능) ~할 수 있다. (선택) ~해도 좋다.

၁။ ရှင့် ဖုန်းနဲ့ ဓာတ်ပုံ ရိုက်နိုင်သလား။

(가능) 당신 전화로 사진을 찍을 수 있습니까?

၃။ အခုတော့ ခင်ဗျား ရုံးဆင်းနိုင်တယ်။

(선택) 이제 당신은 퇴근해도 좋습니다.

(2) 동사 + တတ်တယ်။ : (능력) ~할 수 있다. (습관) ~하는 경향이 있다.

၁။ ကျွန်တော် မြန်မာစကား ပြောတတ်တယ်။

(능력) 저는 미얀마어를 할 수 있습니다.

၂။ ဦးကိုလေးဟာ သူ့ သမီးတွေနဲ့ အင်္ဂလိပ်လို ပြောတတ်တယ်။

(습관) 꼬레씨는 그의 딸들과 영어로 말하곤 합니다.

(3) 동사 + လေ့ရှိတယ်။ : (습관) ~하는 경향이 있다.

၁။ ကျွန်တော် မနက်စောစော အိပ်ရာထလေ့ရှိတယ်။

(습관) 저는 아침 일찍 일어나곤 합니다.

(4) 동사 + နေကျ + : (습관) 습관적으로 ~하다.

၁။ ကျွန်တော်တို့ သွားနေကျ ဆိုင်လေးပဲ သွားတယ်။

(습관) 우리는 가는 가게만 갑니다.

အသုံးပြု

🎧 10-2

ဘယ်နေရာ နာလို့ လာသလဲ။	어디가 아파서 오셨습니까?
배 네야 나-ㄹ로. 라더-ㄹ래:	

ဘာဖြစ်လို့ လာသလဲ။	어떻게 오셨습니까?
바 핏?로. 라더-ㄹ래:	

ဘာဖြစ်တာလဲ။	무슨 일입니까?
바 핏?따-ㄹ래:	

ဘာရောဂါ ရှိသလဲ။	무슨 병이 있습니까?
바 요:가 시.더-ㄹ래:	

ခေါင်းကိုက်ပြီး ဗိုက်လည်း နာတယ်။	머리가 아프고 배도 아픕니다.
가웅:가잇?삐: 바잇?래: 나대	

တစ်ကိုယ်လုံး ညောင်းပြီး ချွေးတွေ	전신이 쑤시고 땀이 많이 납니다.
떠 꼬룽: 뇨웅:비: 쉐:뒈	

အများကြီး ထွက်တယ်။	
어먀:지 튁?때	

ဆေးထိုးရမယ်။	주사를 맞아야 합니다.
세:토: 야.매	

လက်မောင်း အောက်ကို ချလိုက်ပါ။	팔을 아래로 내리세요.
렛?마웅: 아웃?꼬 차.라잇?빠	

မြန်မာစာနဲ့ ဆေး(ညွှန်)စာကို ဖတ်တတ်လား။	미얀마어로 된 처방전을 읽을 수 있습니까?
먄마자내. 세:(늉:)자고 팟?땃?라	

ဟုတ်ကဲ့။ ဖတ်တတ်ပါတယ်။	네. 읽을 수 있습니다.
호웃?깨. 팟?땃?빠대	

ကိုယ်   신체, (연장자가 연소자에게) 자신

ညောင်းတယ်။   쑤시다

ချွေး   땀

လက်မောင်း   팔

ဆေးညွှန်းစာ   처방전

ကောင်းပြီ။ ဒါဆို တစ်နေ့ သုံးကြိမ်၊
까웅:비   다소 떠네.   똥:제잉

좋습니다.
그럼 하루에 세 번 식후
30분 후 약을 복용하세요.

အစားစားပြီး မိနစ်သုံးဆယ် ကြာရင်
어싸:싸:비: 미닛?똥:재   짜잉

ဆေးသောက်ပါ။
세:따웃?빠

*질병과 관련된 단어

ကင်ဆာ[kinhsa]	암
ကာလဝမ်း[kala.wun:]	콜레라
ကြက်ငှက်တုပ်ကွေးရောဂါ[kyɛ?hŋɛ?tou?kwe:yɔ:ga]	조류 독감
ခါးနာခြင်း[hka:nagyin:]	요통
ခေါင်းကိုက်ခြင်း[gaun:gai?chin:]	두통
ခေါင်းတစ်ခြမ်းကိုက်ခြင်း[gaun:dəchan:kai?chin:]	편두통
ခေါင်းမူးခြင်း[gaun:mu:gyin:]	현기증
ငှက်ဖျားရောဂါ[hŋɛ?hpya:yɔ:ga]	말라리아
ဆီးချိုရောဂါ[hsi:gyouyɔ:ga]	당뇨병
အသားဝါရောဂါ[ətha:wayɔ:ga]	황달
တုပ်ကွေး[tou?kwe:]	독감
ဓာတ်မတည့်ခြင်း[da?məhtɛ.gyin:]	알레르기 반응
ဒဏ်ရာ[danya]	상처
နားအုံရောင်နာ[naounyaunna]	중이염
နှလုံးအတက်(ခံ)[hnəloun:ətɛ?(k)]	심장마비
နှလုံးရောဂါ[hnəloun:yɔ:ga]	심장병
နှာခေါင်းသွေး[hnəgaun:thwe:]	코피

နှာချေခြင်း [hnachigyin:] ၊ နှာရည်ယိုခြင်း [hnayiyougyin:]	재채기
ပျို့အန်ခြင်း [pyou.angyin:]	구토
ဗိုက်နာခြင်း [baiʔnagyin:]	복통
မီးလောင်ဒဏ်ရာ [mi:laundanya]	화상
ရောင်ရမ်းခြင်း [yaunyan:gyin:]	염증
ရောဂါပိုးမွှား [yɔ:gapou:hmwa:]	병균
ရင်ပြည့်ခြင်း [yinpyi.gyin:]	소화불량
လည်ချောင်းနာခြင်း [lɛchaun:nagyin:]	기관지염
ဝမ်းချုပ်ခြင်း [wun:chouʔchin:]	변비
ဝမ်းပျက်ခြင်း [wun:pyɛʔchin:]	설사
သွားကိုက်ခြင်း [thwa:gaiʔchin:]	치통
သွားပိုးစားသွား [thwa:bou:za:thwa:]	충치
သွေးကျခြင်း [thwe:kya.gyin:]	빈혈
သွေးကျ [thwe:kya.]	저혈압
သွေးတိုး [thwe:thou:]	고혈압
သွေးထွက်ခြင်း [thwe:htwɛʔchin:]	출혈
သွေးပေါင် [thwe:baun]	혈압
သွေးဖြူဉများရောဂါ [thwe:hpyuu.mya:yɔ:ga]	백혈병
သွေးအားနည်းခြင်း [thwe:a:nɛ:gyin:]	빈혈
အကြောတက်ခြင်း [əkyɔ:tɛʔchin:]	신경통
အစာမကြေခြင်း [əsaməkyegyin:]	소화불량
အစာအဆိပ်ဖြစ်ခြင်း [əsaəhseiʔhpyiʔchin:]	식중독
အဆုတ်အအေးမိခြင်း [əhsouʔəe:mi.gyin:]	폐렴

အပူလောင်နာ [əpulaunna]	화상
အဖုအကျိတ် [əhpu.əkyei?]	부스럼
အရည်ကြည်ဖု [əyikyibu.]	물집
အဝလွန်ခြင်း [əwa.lungyin:]	비만
အသည်းရောင်ရောဂါ [əthɛ:yaunyɔ:ga]	간염
အအေးမိခြင်း [əe:mi.jin:]	감기
အူအတက်ရောင် [uətɛ?yaun]	맹장염, 충수염
အူရောင်ငန်းဖျားရောဂါ [uyaunŋan:hpya:yɔ:ga]	장티푸스
ကျိုးတယ်။ [kyou:dɛ]	부러지다
ချမ်းစိမ့်စိမ့် ဖြစ်တယ်။ [chan:sein.sein.hpyi?tɛ] ၊ ဖျားချင်သလိုလို ဖြစ်တယ်။ [hpya:chindhəloulouhpyi?tɛ]	오한이 나다
ညောင်း(ညာ)တယ်။ [nyaun:(nya)dɛ]	쑤시다
နားမကြားဘူး။ [na:məkya:bu:] ၊ နားလေးတယ်။ [na:le:dɛ] ၊ နားပင်းတယ်။ [na:pin:dɛ]	귀가 들리지 않다
နှာခေါင်းပိတ်တယ်။ [hnəgaun:pei?tɛ]	코가 막히다
မူးတယ်။ [mu:dɛ] ၊ အန်တယ်။ [andɛ]	구역질하다
မျက်စေ့မမြင်ဘူး။ [myɛ?se.məmyinbu:]	눈이 멀다
ရောဂါဖြစ်တယ်။ [yɔ:gahpyi?tɛ]	병이 나다
အဆစ်လည်တယ်။ [əhsi?lɛdɛ]	삐다, 접질리다
အဖျားဝင်တယ်။ [əhpya:windɛ]	열이 나다
အရှိုစိုက်တယ်။ [ayounsai?tɛ]	정신 차리다, 의식이 있다
အရည်ကြည်ဖု ထွက်တယ်။ [əyikyibu. htwɛ?tɛ]	물집이 생기다
အော့တယ်။ [ɔ.dɛ] ၊ အန်တယ်။ [andɛ]	구토하다

လေ့ကျင့်ခန်း

1 다음 빈칸에 알맞은 단어를 넣어 문장을 완성하시오.

1 ဒီမုန့်ဟင်းခါးကို မြည်း _____ ပါ့မယ်။

   이 몽힝가를 맛보겠습니다.

2 တစ်ခါတလေ အိမ်ထောင် မရှိသေးတဲ့ လူတွေ _____
   မိတယ်။

   가끔씩 결혼을 안 한 사람들이 부럽습니다.

3 အဲဒီ ကား ဒီဇိုင်းက အရမ်း _____ တယ်။

   그 자동차 디자인은 매우 현대적입니다.

4 သူ သေနတ်ပစ် _____ တယ်။

   그는 권총을 쏠 줄 압니다.

5 ကျွန်တော် ညဘက် နောက်ကျကျ အိပ်ရာဝင် _____
   တယ်။

   나는 밤늦게 잠자리에 들곤 합니다.(습관)

6 ကျွန်တော့် ဝါသနာက _____ တာပါ။

   나의 취미는 노래 부르기입니다.

2 다음 문장을 미얀마어로 작문하시오.

1 어디가 아프십니까?

----

2 배탈이 나서 약을 먹어야 합니다.

တင်ပြချက် 제안

3 그의 제안은 수용할 수 없습니다.

----

4 제가 공항으로 마중 나가겠습니다.

----

5 내일 저는 약속이 없습니다.

11

띤장에 여행을 갈 거예요.

သကြန်မှာ ခရီးသွားမယ်။

စကားပြော

🎧 11-1

ဝေါဟာရများ

ခင်ဗျား သကြန်ပိတ်ရက်မှာ
커먀:　　　띤장　　　삐잇?옛?흐마

ဘာလုပ်ဖို့ စီစဉ်ထားသလဲ။
바로웃?포.　　씨진타더-ㄹ래:

띤장 휴가 때 뭐할지
계획을 세웠습니까?

ကျွန်တော် ရွှေတိဂုံဘုရား သွားမယ်။
쩌노　　　쉐더공퍼야:　　　　　따:매

ဘုရားတွေကို ရေသပွါယ်မယ်။
퍼야:뒈고　　　　　에따?빼매

저는 쉐더공파고다를
갈 예정입니다.
부처상에게 물을 뿌릴
것입니다.

ကျွန်တော် အခုထိ ရွှေတိဂုံဘုရား
쩌노　　　어쿠.티.　　쉐더공퍼야:

မရောက်ဖူးသေးဘူး။
머야웃?푸:데:부:

저는 아직까지
쉐더공파고다를 가 본적이
없습니다.

သကြန်အကြတ်နေ့မှာ တစ်နေ့လုံး
띤장　　　어짯?네.흐마　　　떠네.-ㄹ룽:

ဘုန်းကြီးကျောင်းမှာ တရားထိုင်မယ်။
퐁:지:짜웅:흐마　　　떠야:타잉매

따장 셋째 날에 하루 종일
사원에서 명상을 할 겁니다.
따라 오실래요?

လိုက်မလား။
라잇?머ㅡㄹ라:

ကျွန်တော် ကျွန်တော့် မိသားစုနဲ့
쩌노　　　쩌노.　　미.따:주.내.

အပန်းဖြေ လေ့လာရေးခရီး
어빤:피에　　레.-ㄹ라에: 커이:

저는 가족과 피로를 풀려고
여행 가려고 계획을 세웠습
니다.

သွားမယ်လို့ စိတ်ကူးထားတယ်။
따:매-ㄹ로.　　쎄잇?꾸:타:대

ဝေါဟာရများ

သကြန်　띤장(새해 물 축제)

ပိတ်ရက်　휴가

စီစဉ်တယ်။　계획하다

ရေသပွါယ်တယ်။
(부처상) 물을 뿌리다

cf. ရေပက်တယ်။
물을 뿌리다

အကြတ်နေ့
띤장 3일째 날

တရားထိုင်တယ်။
명상하다

သမိုင်း 역사

ယဉ်ကျေးမှု 문화

ရွေးတယ်။ 선택하다

သင်တယ်။ 알맞다

ရှုခင်း 풍경, 경치

အပန်းဖြေတယ်။
피로를 풀다

အတော် 적당한

ခါးပိုက်နှိုက် 소매치기

ခါးပိုက်နှိုက်တယ်။
훔치다

ကလေးတွေ မြန်မာ့သမိုင်းနဲ့
커-ㄹ레:뒈   먄마.떠마잉:내.

ယဉ်ကျေးမှုတွေကို သူတို့ဘာသာသူတို့
인쩨:흐무.뒈고   뚜도. 바다두도.

လေ့လာနိုင်အောင် ခရီးသွားတာပါ။
레.-ㄹ라나잉아웅   커이:똬:다바

자식들이 미얀마 역사와 문화를 스스로 알도록 하기 위해 여행을 갑니다.

ဒါကြောင့် ခရီးသွားဖို့ နေရာတွေကို
다자웅.   커이:똬:보.   네야뒈고

ကလေးတွေကိုပဲ အရွေးခိုင်းတယ်။
커-ㄹ레:뒈고배: 어유웨:카잉:대

그래서 아이들이 여행지를 선택하도록 시켰습니다.

ပုဂံဆိုရင် အတော်ပဲ။ အဲဒီမှာ
버강소잉   어또배: 애:디흐마

မြန်မာ့သမိုင်းနဲ့ ယဉ်ကျေးမှုတွေကို
먄마.떠마잉:내.   인쩨:흐무.뒈고

လေ့လာလို့ ရတယ်။
레.-ㄹ라-ㄹ로.   야.대

버강이 딱 좋습니다. 거기에서 미얀마 역사와 문화를 체험할 수 있습니다.

ရှုခင်းတွေလည်း လှလို့ အပန်းဖြေလို့
슈.깅:뒈-ㄹ래: 홀라.-ㄹ로.   어빵:피예-ㄹ로.

ရတယ်။
야.대

경치도 좋아서 피로를 풀 수 있습니다

ခါးပိုက်နှိုက်တွေဆီမှာ
거바잇?흐나잇?뒈시흐마

အနှိုက်မခံရအောင် ဂရုစိုက်ပါ။
어흐나잇?머캉야.아웅   거유.싸잇?빠

소매치기 당하지 않도록 조심하세요.

ကျေးဇူးပါ။ စိတ်မပူပါနဲ့။
쩨:주:바   쎄잇?머 뿌바내.

감사합니다. 걱정마세요.

သဒ္ဒါ

1 조동사(3): 경험

(1) 동사 + ဖူးတယ်။ : ~한 경험이 있다

၁။ ကျွန်တော် မြောက်ကိုရီးယားကို မရောက်ဖူးဘူး။

저는 북한에 가 본 적이 없습니다.

(2) 동사 + မိတယ်။ : 갑자기 ~하다, 자기도 모르게 ~하다

၁။ အနှောင့်အယှုက်ပေးမိတယ်။ 갑자기 방해했습니다.

၂။ ကျွန်တော် အအေးမိတယ်။ 저는 감기에 걸렸습니다.

(3) 동사 + လွန်းတယ်။ : 너무(지나치게) ~하다

၁။ စားလွန်းလို့ အစာမကြေဘူး။ 과식해서 소화가 안 됩니다.

နှောင့်ယှုက်တယ်။
방해하다

အစာကြေတယ်။
(음식) 소화하다

2 조동사(4): 시제

တော့၊ သေး၊ ဦး의 시제 비교

	과거	현재	미래
တော့	○	○	○
သေး	○	○	
ဦး		○	○

(1) 동사 + တော့ + ။ : (미래) 이제 곧 ~하다, (결말) 결국 ~하다, (과거~미래) 더 이상~하지 않다.

၁။ ကျွန်တော် ရောက်တော့မယ်။ (미래) 저는 곧 도착할 겁니다.

၂။ အခုမှပဲ သူဟာ ကိုထွန်းရှင် ဆိုတာ သိတော့တယ်။

(결말) 이제야 그가 퉁신씨라는 사실을 알았습니다.

၃။ အခုမှပဲ ပြီးတော့တယ်။

(결말) 이제야 끝났습니다.

၄။ ဆေးလိပ် မသောက်တော့ဘူး။

(과거~미래) 담배를 더 이상 피지 않습니다(금연).

(2) 동사 + သေးတယ်။ : (현재 기준) 아직 ~하지 않고 있다. 아직 ~하지 않았다

၁။ မောင်ဖြိုးဖြိုး မလာသေးဘူး။

표표는 아직 오지 않았습니다.

၂။ ရောက်ဖို့ လိုသေးတယ်။

아직 도착하지 않았습니다(도착하기 위해 더 필요합니다.).

(3) 동사 + ဦး + (~)။ : (현재~미래) 계속 ~하다

၁။ ကျွန်တော် သွားပါဦးမယ်။

저는 가보겠습니다.

၂။ ဒီ ဆိုင်မှာ နေဦးမလား။

이 가게에 계속 있을 겁니까?

၃။ ကျွန်တော် တောင်းပန်တာ လက်ခံပါဦး။

저게 사과한 것을 받아 주세요.

3 조동사: 가장 많이 쓰는 단어 ရ

ရ는 아마 미얀마에서 가장 쓰는 말일 것이다. 그만큼 의미도 많은데, ① (허가, 가능) ~할 수 있다, ② (의무) ~해야 한다, ③ (확신) 틀림없이 ~하다, ④ (기회)를 얻다 등 5가지 정도로 요약된다.

၁။ ဒီ လမ်းက သွားလို့ ရတယ်။

(허가) 이 길을 갈 수 있습니다.

၂။ ဒီ ဆိုင်မှာ စည်ဘီယာ ရပြီ။

(가능) 이 가게에서 생맥주를 판매합니다.

၃။ မနက်ဖြန် အိမ်စာ ပြီးရမယ်။

(의무) 내일 숙제를 끝내야 합니다.

၄။ ဒီ လမ်းအတိုင်း လိုက်သွားရင် အိမ် ရောက်ရမယ်။

(확신) 이 길을 따라가면 반드시 집에 도착합니다.

၅။ တွေ့ရတာ ဝမ်းသာတယ်။

(기회) 만나게 된 것이 기쁩니다.

4 수동태

미얀마어에서 수동태의 형태는 다음과 같다. 첫째, 사역형 동사(စေ၊ ခိုင်း)를 써서 수동 태로 만든다. 둘째, 자동사를 타동사 형태로 바꾸는 것인데, 무기음은 자동사, 유기음은 타 동사로 대립한다. 셋째, 접두어 အ + 동사 + ခံရ의 형태이다.

(1) 사역형 동사를 쓸 때

① 동사 + **ခိုင်းတယ်**။ : (사역, 동작의 유도) ~을 시키다

၁။ သားကို ဆန် ဝယ်ခိုင်းတယ်။

아들에게 쌀을 사오라고 시켰습니다.

② 동사 + **စေတယ်**။ : (허가) ~해도 좋다, (사역, 상황의 변화) ~시키다

၁။ ဒီ သီချင်းက လူတွေကို ပျော်ရွှင်စေတယ်။

이 노래는 많은 사람들을 즐겁게 할 수 있습니다.

၂။ ဦးကိုလေးဟာ သူ့သမီးကို ဆရာဝန် ဖြစ်စေချင်တယ်။

꼬레씨는 그의 딸이 의사가 되었으면 합니다.

(2) 자동사(က၊ စ၊ င၊ န၊ ပ၊ မ၊ လ)와 타동사(ခ၊ ဆ၊ ၃၊ န၊ ဖ၊ မှ၊ လှ)의 대립

자동사	타동사
ကျတယ်။ 떨어지다	ချတယ်။ 떨어뜨리다
ကျိုးတယ်။ 부러지다	ချိုးတယ်။ 부러뜨리다
ကျက်တယ်။ 익다	ချက်တယ်။ 익히다
ကွာတယ်။ 벌어지다	ခွာတယ်။ 벌리다
စုတ်တယ်။ 찢기다	ဆုတ်တယ်။ 찢다
ပျောက်တယ်။ 사라지다, 없어지다	ဖျောက်တယ်။ 사라지게하다, 없애다
ပျက်တယ်။ 파괴되다, 부서지다	ဖျက်တယ်။ 파괴하다, 부수다
ပြတ်တယ်။ 잘리다, 그만두게 하다	ဖြတ်တယ်။ 자르다, 그만두다
ပေါက်တယ်။ 열리다	ဖောက်တယ်။ 열다
ပွင့်တယ်။ 열리다	ဖွင့်တယ်။ 열다
မြင့်တယ်။ 높다	မြှင့်တယ်။ 높이다
လွတ်တယ်။ 자유로워지다	လွှတ်တယ်။ 자유롭게하다
လျော့တယ်။ 줄다	လျှော့တယ်။ 줄이다
အစာကြေတယ်။ 소화되다	အစာခြေတယ်။ 소화시키다

အသား ကျက်လာပြီ။ 고기가 익었다.

ကျွန်တော် ထမင်းချက်တတ်တယ်။ 나는 밥을 지을 수 있다.

မှတ်ပုံတင်ကတ် 신분증
မျက်လှည့်ဆရာ 마술사
တံခါး [dəga:] 문(門)

ကျွန်တော့ မှတ်ပုံတင်ကတ် ပျောက်သွားပြီ။ 내 신분증이 사라졌다.

မျက်လှည့်ဆရာက ကျားကို ဖျောက်လိုက်ပြီ။ 마술사가 호랑이를 사라지게 했다.

တံခါးက သူ့အလိုလို ပွင့်သွားတယ်။ 문이 저절로 열렸다.

သူက တံခါးကို ဖွင့်တယ်။ 그가 문을 열었다.

*다음의 두 단어는 위 자동사와 타동사 법칙을 따르지 않는다.

၁။ **သောက်တယ်**။ 마시다 ↔ **တိုက်တယ်**။ 마시게 하다

ex) ဘီယာ သောက်မယ်။ 맥주를 마실 겁입니다.

ဘီယာ တိုက်မယ်။ 맥주를 사줄 겁니다.

၂။ **စားတယ်**။ 먹다 ↔ **ကျွေးတယ်**။ 먹이다

ex) ခေါက်ဆွဲ စားတယ်။ 국수를 먹다.

ခေါက်ဆွဲ ကျွေးတယ်။ 국수를 대접하다.

* 다음의 단어들은 무기음과 유기음 대립이지만 자동사와 타동사의 관계는 아니다.

ကိုင်တယ်။	쥐다, 잡다	ခိုင်တယ်။	변함없다
စုတယ်။	부풀다	ဆူတယ်။	끓다
စိုတယ်။	젖다	ဆိုတယ်။	말하다
စိုက်တယ်။	심다	ဆိုက်တယ်။	마주치다, 도착하다
စွပ်တယ်။	끼우다, 신다	ဆွတ်တယ်။	새가 쪼다
ပြေတယ်။	느슨하게 하다	ဖြေတယ်။	응답하다, (문제) 풀다
ပိတ်တယ်။	닫다	ဖိတ်တယ်။	초대하다

(3) အ + 동사 + ခံရ~ 의 용법

동사 앞 အ는 동사를 명사화시키는 접두사로 동사가 아닌 명사가 왔을 때 အ는 생략된다. 이 용법은 다음과 같이 몇 가지 형태를 띤다.

① 명사 + 동사 + ခံရတယ်။

၁။ ကားမောင်းသမား ခွေးကိုက်ခံရတယ်။ 운전수는 개에게 물렸습니다.

၂။ သူငယ်ချင်း တစ်ယောက် ကားတိုက်ခံရတယ်။

친구 한 명이 자동차 사고를 당했습니다.

လိမ်တယ်။
속이다, 사기치다

cf.လူလိမ် 사기꾼

ပိုး 벌레, 비단

ကိုက်တယ်။ 물다

စက်ဘီး [səbein:] 자전거

ခိုးတယ်။ 훔치다

မျက်နှာဖုံး 가면

စွပ်တယ်။
(양말, 장갑, 반지) 착용하다, 입다

cf.ဝတ်တယ်။ (옷) 입다

② 명사 + အ + 동사– ခံရတယ်။

၁။ ကျွန်တော် အရိုက်ခံရတယ်။ 나는 맞았습니다.

၂။ ငါ အလိမ်ခံရတယ်။ 나는 사기 당했습니다.

③ 명사 1 + 명사 2 + 동사 + ခံရတယ်။

၁။ သူ ပိုး အကိုက်ခံရတယ်။ 그는 벌레에게 물렸습니다.

၂။ မမြ ကျောင်းအုပ်ကြီး အခေါ်ခံရတယ်။

먀씨는 교장선생님께 호출을 당했습니다.

④ 명사 1 + 명사 + ကို + 명사 2 + 동사 + ခံရတယ်။

၁။ မမြ စက်ဘီးကို သူခိုး ခိုးခံရတယ်။ 먀씨는 자전거를 도둑맞았습니다.

၂။ ခေါင်းကို မျက်နှာဖုံးနဲ့ စွပ်ခံရတယ်။ 머리를 가면으로 덮었습니다.

(4) 원래 수동의 의미가 있는 단어들

아래에서 ခံ은 고유의 뜻인 '잡다', '수용하다', '참다', '저항하다'의 의미가 포함되므로 (3)과 같은 용법을 쓸 경우 능동태가 된다.

၁။ ဆဲတယ်။ 욕하다

အဆဲခံရတယ်။ 욕먹다   အဆဲခံတယ်။ 욕을 참다

၂။ ဖမ်းတယ်။ 체포하다, 잡다

အဖမ်းခံရတယ်။ 체포되다, 잡히다   အဖမ်းခံတယ်။ 자수하다

၃။ သေတယ်။ 사망하다, 죽다

အသေခံရတယ်။ 사살되다   အသေခံတယ်။ 자살하다

5 최상급

အ + 동사 + ဆုံး의 형태로서, အ + 동사는 동사를 명사화한 것이고, 품사는 형용사 형태이다.

၁။ ဒီကားက ဒီဆိုင်မှာ အကောင်းဆုံးပဲ။ 이 차가 이 가게에서 제일 좋다.

၂။ ခင်ဗျား အကြိုက်ဆုံး အစားအစာက ဘာလဲ။
당신이 가장 좋아하는 음식은 무엇입니까?

လက်မှတ်ရုံ 매표소

ရိုးရိုး 일반

ဘိုကင် 예약

ပြတင်းပေါက် [bədin:bauʔ] 창문

စင်္ကြံ [zin:gyan] 복도, 플랫폼

ထိုင်ခုံ (고정된) 의자

အမှတ် (순번) 제~

အသွားအပြန် 왕복

အသွား 편도

လက်မှတ် 표, 딱지

အသုံးပြု

11-2

မန္တလေး ရထားလက်မှတ်ရုံက ဘယ်မှာလဲ။
만다-ㄹ레: 여타:렛?흐맛?용가. 배흐마-ㄹ래:
만달레행 열차 매표소는 어디에 있습니까?

သာစည်ရထား ရိုးရိုးကို ဘိုကင်လုပ်
따지 여타: 요:요:고 보낑 로웃?
(ကြိုတင်ဝယ်)ချင်တယ်။
(쪼띤 왜) 친대
따지행 일반 열차를 예약하고 싶습니다.

မနက် ငါးနာရီတိတိမှာ ထွက်တယ်။
머넷? 응아:나이 띠.디.흐마 퉷?때
아침 5시 정각에 출발합니다.

ည ဆယ်နာရီမှာ ထွက်ပြီး မနက်ဖြန်
냐. 새나이흐마 퉷?삐: 머넷?퍙
ခုနစ်နာရီလောက်မှာ ရောက်မယ်။
쿠흐너나이라웃?흐마 야웃?매
저녁 10시에 출발해서 다음날 아침 7시쯤에 도착합니다.

ပြတင်းပေါက်(စင်္ကြံ)နား ထိုင်ခုံ လိုချင်တယ်။
버딩:바웃? (진:장) 나: 타잉공 로진대
창가(복도)쪽 좌석을 원해요.

ဘယ်စင်္ကြံက ထွက်မလဲ။
배 진:장가. 퉷?머-ㄹ래:
어느 플랫폼에서 출발합니까?

အမှတ်လေး စင်္ကြံက ထွက်မယ်။
어흐맛? 레: 진장가. 퉷?매
4번 플랫폼에서 출발합니다.

အသွားအပြန်(အသွား)လက်မှတ် ဝယ်မယ်။
어똬:어빵(어똬:) 렛?흐맛? 왜매
왕복(편도) 티켓을 사겠습니다.

အရမ်း အေးလာပြီ။ အဲယားကွန်း
어양: 에:-ㄹ라비 애:야:꿍:
ပိတ်လိုက်ပါဦး။
뻬잇?라잇?빠옹:
너무 추워요.
에어컨을 꺼주세요.

ဘယ်မှာ ဆင်းမလဲ။
배흐마 신:머-ㄹ래:
어디서 내리겠습니까?

တစ်နေ့လုံး ကားငှားရင် ဘယ်လောက်
떠네.-ㄹ롱: 까:흥아:잉 배-ㄹ라웃?

ပေးရမလဲ။
뻬:야.머-ㄹ래:

하루 동안 자동차 빌리는데 얼마에요?

တောင်ကြီး အသွား ဆိုရင် ရွှေညောင်မှာ
따웅지: 어똬: 소잉 쉐냐웅흐마

ဆင်းလို့ မရဘူး။
신:로.머야.부:

따웅지로 가려면 쉐냐웅에서 내리면 안됩니다.

စုံစမ်းရေးရုံးခန်းက ဘယ်မှာ ရှိလဲ။
쏭장:예:용:강:가. 배흐마 시.-ㄹ래:

안내소는 어디에 있습니까?

ပုဂံကို သေသေချာချာ လည်မယ် ဆိုရင်
버강고 떼데차자 래매 소잉

လမ်းညွှန်က လိုသေးတယ်။
랑:흐늉가. 로데:대

버강을 잘 구경하기 위해서는 가이드가 필요합니다.

ဟိုက မီးပွိုင့် ရောက်ရင် ဘယ်ဘက်ကို
호가. 미:빠잉. 야웃?잉 배벳?꼬

ကွေ့ပါ။
꿰.바

저기 신호등에서 왼쪽으로 꺾으세요.

အကြွေ မလိုဘူး။ (ပြန်အမ်းပါ။)
어쮀 머-ㄹ로부: (빵앙:바)

거스름돈은 필요 없습니다.

မန္တလေးမှာ တစ်ညနဲ့ နှစ်ရက် တည်းပြီး
만다-ㄹ레:흐마 떠냐.내. 흐너옛? 때:비:

အင်းလေးကန်ကို သွားမယ်။
인:레:깡고 똬:매

만달레에서 1박 2일 머무르고, 인레호수로 갈 예정입니다.

နေပြည်တော်မှာ မြန်မာနိုင်ငံမှာ
네비도 흐마 먄마흐마

ဒုတိယအမြင့်ဆုံး ဘုရား ရှိတယ်။
두.띠.야.어밍.종: 퍼야: 시.대

네삐도에는 미얀마에서 두 번째로 높은 불탑이 있습니다.

ငှားတယ်။ 빌리다

စုံစမ်းရေးရုံးခန်း
안내소

လှည့်တယ်။
돌아다니다

လမ်းညွှန်၊ လမ်းပြ
[lan:bya.] 안내원, 가이드

မီးပွိုင့် 신호등

အကြွေ၊ ပြန်အမ်းငွေ
거스름돈

တစ်ညနဲ့ နှစ်ရက်
1박2일

တည်းတယ်။
숙박하다, 머무르다

ကမ္ဘာ [gəba] 세계
တောင် 산
လှည့် ခရီးသွားတယ်။
여기저기 여행하다

မန္တလေးမှာ ကမ္ဘာ အကြီးဆုံး စာအုပ်တွေ
만다-ㄹ레:흐마   거바.   어찌:종: 싸오웃?뛔

ရှိတဲ့ ဘုရားတွေ ရှိတယ်။
시.대.   퍼야:뛔   시.대

만달레에는 세계에서 가장 큰 책인 불탑이 있습니다.

ကမ္ဘာ ဒုတိယအကြီးဆုံး
거바.   두.띠.야.   어찌:종:

ခေါင်းလောင်းဟာ မင်းကွန်းမှာ ရှိတယ်။
카웅:라웅:하   밍:궁:흐마   시.대

세계에서 두번째로 큰 종은 밍군에 있습니다.

ခါကာဘိုရာဇီတောင်က မြန်မာနိုင်ငံမှာ
카까보야지   따웅가.   먄마나잉앙흐마

အမြင့်ဆုံး တောင်ပါ။
어밍.종: 따웅바

카까보야지산은 미얀마에서 가장 높은 산입니다.

ကျိုက်ထီးရိုးစေတီက အောက်ကို မကျဘူး။
짜익ㅎ티:요:제디가.   아욱?꼬   머짜.부:

짜익티요 불탑은 아래로 떨어지지 않습니다.

ကချင်ပြည်နယ်က ဒေသ အများစုကို
꺼친삐내가.   데따.   어먀:주.고

ကမ္ဘာလှည့် ခရီးသွားတွေအတွက်
거바흘-ㄹ래.커이:따:뛔   어뛧?

ပိတ်ထားသေးတယ်။
삐잇?타:데:대

꺼친주의 대부분 지역은 아직 여행객에게 개방되지 않습니다.

လေ့ကျင့်ခန်း

1 다음 빈칸에 알맞은 단어를 넣어 문장을 완성하시오.

1 ဆရာက အအေး .... တယ်။

선생님이 음료수를 사주었습니다.

2 လယ်သမား .... ရိုက် .... တယ်။

농부가 벼를 잘랐습니다.

3 ဒီ ဟင်းကို အစပ် .... ပေးပါဦး။

이 음식(반찬)을 덜 맵게 해 주세요.

4 နောက်ဆုံးမှာတော့ တရားခံဟာ .... တယ်။

마침내 범인이 체포되었습니다.

5 ဒီ ကားက .... မြန် .... ပဲ။

이 차가 가장 빠릅니다.

172

2 다음 문장을 미얀마어로 작문하시오.

1 이 물건들을 가져가라고 그에게 시켰습니다.

----

2 저는 담배를 끊었습니다(금연했습니다).

ဆေးကု(သ)တယ်။
치료하다

ငှက်   새(鳥)

ထူ   두꺼운

3 발이 부러진 새를 치료했습니다.

----

4 종이를 찢지 마세요.

----

5 이 서점에서 이 책이 가장 두꺼운 책입니다.

난다와 통화하고 싶어요.

မနန္ဒာနဲ့ ပြောချင်ပါတယ်။

စကားပြော 🎧 12-1

ဟယ်လို။ မနန္ဒာ ရှိပါသလား။
해-ㄹ로　　　마.난다　　시.바더-ㄹ라:

여보세요? 난다 있습니까?

ဟယ်လို　(전화) 여보세요

ရှိပါတယ်။ ဘယ်သူပါလဲ ရှင်။
시.바대　　　배두　　바-ㄹ래:　신

있습니다. 누구십니까?

ကိုင်တယ်။　쥐다, 잡다

ခေါ်တယ်။　부르다, 불리다

သူ့ သူငယ်ချင်း မကြူကြူပါ။
.뚜.　떵얘진:　　마.주주바

친구 주주입니다.

ဇာတ်ကား　TV드라마

အခု　지금

ခဏ ကိုင်ထားပါ။ ခေါ်ပေးပါမယ်။
커나.　까잉타:바　　　코　뻬:바매

잠깐만 기다리세요.
불러줄게요.

စိတ်ဝင်စားတယ်။
관심 있다

ဟယ်လို။ မကြူကြူ ဘာလုပ်နေလဲ။
해-ㄹ로　　마.주주　　바　로웃?네-ㄹ래:

여보세요.
주주야 뭐하고 있니?

ဝေါဟာရ　
စကားလုံး　단어

ကိုရီးယားဇာတ်ကား ကြည့်နေတယ်။
꼬리:야:　　잣?까:　　씨.네대

한국드라마 보고 있었어.
지금 나 한국어 공부해.

အသံထွက်　발음

နည်းနည်းပါးပါး
약간, 조금

အခု ကျွန်မ ကိုရီးယားစကား သင်နေတယ်။
어쿠.　쩌마　꼬리:야:저가:　　띤네대

စနစ်တကျ　체계적으로

အားပေးတယ်။
격려하다

ဟုတ်လား။ မခက်ဘူးလား။
호웃?라:　　머켓?푸:-ㄹ라:

흥미로운 일이구나.
어렵지 않니?

ဝေါဟာရအချို့နဲ့ အသံထွက်အချို့
워:하라.어초.내.　　어땅뛧?어초.

일부 단어와 발음이
약간 어려워.

နည်းနည်းပါးပါး ခက်တယ်။
내:-ㄴ내:빠:바　켓?때

ဒါပေမဲ့ သင်ရတာ စိတ်ဝင်စားစရာ
다베매.   띤야.다   쎄잇?윙자:저야

ကောင်းတယ်။
까웅:대

하지만 배우기에는
재미있어.

ဟုတ်လား။ စနစ်တကျ သင်ရင်
호웃?라: 서닛?더자.   띤잉

တတ်လာပါလိမ့်မယ်။
땃?라바레잉.매

그래? 체계적으로 공부하면
실력이 꽤 늘 거야.

အစကထက်တော့ ပိုတတ်လာပြီ။
어싸.가.텟?또.   뽀땃?-ㄹ라비

처음보다 많이 나아졌어.

နောက် အခွင့်အရေးရရင်
나웃?   어쿵.어예:야.잉

ကိုရီးယားမှာ သွားလေ့လာမယ်။
꼬리:야:흐마   따: 레.-ㄹ라매

나중에 기회가 되면
한국에서 공부할 거야.

ကောင်းတယ်။ ကျွန်မလည်း
까웅:대   쩌마-ㄹ래:

အားပေးတယ်။
아:뻬:대

그래. 내가 응원할게.

ကျေးဇူးပါ။ ဒါပဲနော်။
쩨:주:바   다배:너

고마워. 용건이 끝났지?

ဒါပဲ။
다배:

응.

သဒ္ဒါ

(1) 정도와 수량을 나타내는 부사

တအား [təa:] ၊ သိပ် [theiʔ] ၊ အရမ်း [əyan:] ၊ အလွန် [əlun] ၊

အင်မတန် [inmətan] 매우, 전적으로

မနည်း [mənɛ:] 적지 않게

နည်းနည်း [nɛ:nɛ:] 약간

များများ [mya:mya:] 많이

လုံးဝ [loun:wa.] (부정) 전혀 ~ 아니다

အကုန် [əkoun] ၊ အကုန်လုံး [əkounloun:] ၊ အားလုံး [a:loun:] 모두

အချို့ [əchou.] 일부, 어떤; 이미 지시한 사항, 사물이 없는 경우, 뒤에서 앞을 수식함.

တချို့ [dəchou.] 일부, 어떤; 이미 지시한 사항, 사물이 없는 경우

*လူအချို့ လိမ်ပြောတယ်။ 일부는 거짓말을 했다.

*တချို့က လိမ်ပြောတယ်။ 일부는 거짓말을 했다.

အခြား [əcha:] 다른 것(other)

တခြား [dəcha:] 다른 것(different)

*ဒါ့အပြင် အခြား မရှိဘူးလား။ 그 외 다른 것은 없습니까?

*တခြားလူမျိုး ရှိသေးလား။ 다른 사람은 아직 있습니까?

(2) 시간과 빈도를 나타내는 부사

ခဏ [khəna.] 잠깐   cf. ခဏခဏ [khəna.khəna.] 자주

ချက်ချင်း [chɛʔchin:] 즉시

တခါတလေ [dəhkadəle] ၊ တခါတရံ [dəhkadəyan] 가끔

အမြဲ [əmɛ:] = အမြဲတစေ [əmɛ:dəze] = အမြဲတမ်း [əmɛ:dan:] 항상

အရင် [əyin] 먼저

(3) 상황 또는 감정을 나타내는 부사

ကောင်းကောင်း [kaun:gaun:] 적당한, 좋은

ဆက် [hsɛʔ] ၊ ဆက်ဆက် [hsɛʔhsɛʔ] ၊ ဆက်လက် [hsɛʔlɛʔ] ၊ 계속해서, 연속해서

အချင်းချင်း [əchin:gyin:] 서로

သပ်သပ် [thaʔthaʔ] 각자, 별도로

အသီးသီး [əthi:dhi:] 각각

ကိုယ်တိုင် [koudain] 스스로

ရုတ်တရက် [youʔtəyɛʔ] ၊ ပုံးခဏဲ [boun:hkənɛ:] 갑자기

လွတ်ခဏဲ [hluʔhkənɛ:] 무심코

တစ်ယောက်တည်း [təyauʔhtɛ:] 혼자, 홀로

တစ်ခုစီ [təhku.si] 한 개씩

တော်တော် [tɔdɔ] 꽤, 상당히

တကယ် [dəgɛ] (화자의 감정) 정말로

2 **고유부사의 확장(동사적 용법)**

동사 역할을 포기하고 후치하는 동사를 수식하는 기능을 하는 형태를 의미한다.

၁။ ကြို [kyou] 미리 ~하다 *원뜻은 '환영하다'

ex) အိမ်စာ ကြို(တင်) လုပ်ပြီးမှကစားတယ်။

숙제를 <u>미리</u> 하고, 놀았습니다.

၂။ စ [sa.] 최초로 ~하다 *원뜻은 '시작하다' = စတင်တယ်။

ex) ဒီ မဂ္ဂဇင်းက မြန်မာလို စထုတ်တာပါ။

이 잡지는 미얀마어로 <u>최초로</u> 출판된 것입니다.

မဂ္ဂဇင်း [mɛʔga.zin:]
잡지, 저널

လူဦးရေက 인구

၃။ ဆက် [hsɛʔ] 계속 ~하다 *원뜻은 '연결하다'

ex) သူ ဆေးလိပ်ပဲ ဆက်သောက်နေတယ်။

그는 <u>계속</u>해서 담배만 피우고 있습니다.

၄။ ထပ် [htaʔ] = ပြန် [pyan] 다시 ~하다 *원뜻은 '쌓다'

ex) ထပ်ပြောပါ။ <u>다시</u> 말해주세요. = ပြန်ပြောပါ။

၅။ ပို [pou] 더욱 ~하다 *원뜻은 '남다'

ex) ရန်ကုန် လူဦးရေက ပဲခူး လူဦးရေထက် ပို များတယ်။

양공 인구가 버고 인구보다 <u>많</u>습니다.

3 **동사(형용사)의 반복으로 부사가 되는 경우**

(1) 단음절 동사(형용사)의 반복: 두 번째 음절은 유성음화된다.

ကောင်း	좋은	→ ကောင်းကောင်း [kaun:gaun:] 잘, 적당한
စော	(시간) 이른	→ စောစော [sɔ:zɔ:] 일찍
နှေး	(시간) 느린	→ နှေးနှေး [hnehne] 천천히
ဖြည်း	(속도) 느린	→ ဖြည်းဖြည်း [phyɛ:byɛ:] 천천히

မြန်	(속도, 동작) 빠른	→ မြန်မြန် [myanmyan] 빨리
မှည့်	잘 익은, 익다	→ မှည့်မှည့် [hmɛ.hmɛ.] 잘 익은

(2) **다음절 동사(형용사)의 반복:** 두 번째, 네 번째 음절은 유성음화된다.

ကြိုးစားတယ်။	노력하다	→ ကြိုးကြိုးစားစား [kyou:gyou:sa:za:] 열심히
တိကျတယ်။	정확하다	→ တိတိကျကျ [ti.di.kya.gya.] 정확하게
ပူနွေးတယ်။	뜨거운	→ ပူပူနွေးနွေး [pubunwe:nwe:] 뜨겁게
ပြင်းထန်တယ်။	맹렬한, 거센	→ ပြင်းပြင်းထန်ထန် [pyin:byin:htandan] 맹렬하게, 거세게
ပွင့်လင်းတယ်။	명백한, 명확한	→ ပွင့်ပွင့်လင်းလင်း [pwin:bwin:lin:lin:] 명백하게, 명확하게
မှန်ကန်တယ်။	정확한	→ မှန်မှန်ကန်ကန် [hmanhmankangan] 정확하게
ရှိသေတယ်။	존경하다	→ ရှိရှိသေသေ [youyouthedhe] 정중하게
အေးချမ်းတယ်။	평화로운, 찬	→ အေးအေးချမ်းချမ်း [e:e:chan:gyan:] 평화롭게, 차게
အေးဆေးတယ်။	조용하다, 평화롭다	→ အေးအေးဆေးဆေး [e:e:hse:hse:] 조용히, 평화롭게

*위 부사들은 명사를 수식하는 데에도 사용된다.

၁။ ကော်ဖီ ပူပူနွေးနွေး တစ်ခွက် သောက်ချင်တယ်။

뜨거운 커피 한잔 마시고 싶습니다.

၂။ မိုး ပြင်းပြင်းထန်ထန် ရွာနေတယ်။

비가 거세게 내리고 있습니다.

၃။ ထောပတ်သီးမှည့်မှည့် တစ်လုံး စားတယ်။

잘 익은 아보카드를 먹었습니다.

ထောပတ်သီ; 아보카도

cf.ထောပတ် 버터

၄။ မင်းသားတွေလည်း အားလုံး လူချောချော မဟုတ်ပါဘူး။

남자배우라고 모두 잘생긴 것은 아닙니다.

④ 접사가 붙어서 부사가 되는 경우

(1) ခပ် + 동사 + 동사: 꽤 ~하다

၁။ ကျောင်းကို ခပ်စောစော တက်တယ်။ 꽤 일찍 등교했습니다.

၂။ သူ စကားကို ခပ်နူနူ ပြောတတ်တယ်။ 그는 꽤 부드럽게 말하곤 합니다.

၃။ သူ ခပ်ပြုံးပြုံး ကြည့်နေတယ်။ 그는 꽤 잘 웃으며 봅니다.

(2) တ + 동사 + 동사: 의성어, 의태어를 나타낼 때 사용함

၁။ ရင်တထိတ်ထိတ်နဲ့ စာမေးပွဲအောင်စာရင်းကို ကြည့်တယ်။
가슴을 <u>조마조마하며</u> 시험 결과를 봤습니다.

၂။ ရထား **တဖြည်းဖြည်း** သွားနေတယ်။ 기차는 <u>천천히</u> 가고 있습니다.

(3) အ + 동사 + 동사: 수와 양을 나타낼 때 사용함

၁။ ရေကူးကန်ကို **အတူတူ** သွားတယ်။ 수영장을 함께 갔습니다.

၂။ စားပွဲပေါ်မှာ စာအုပ်ကို **အထပ်ထပ်** စီတင်တယ်။
책상위에 책을 <u>첩첩히</u> 쌓았습니다.(= **အဆင့်ဆင့်**)

၃။ ပြတင်းပေါက် **အလိုလို** ပွင့်သွားတယ်။ 창문이 저절로 열렸습니다.

၄။ ကိုရီးယားဘောလုံးအသင်းက **အနိုင်နိုင်** အနိုင်ရတယ်။
한국 축구팀이 <u>가까스로</u> 이겼습니다.

၅။ နိုင်ငံတော်အလံကို **အရပ်ရပ်မှာ** ချိတ်ဆွဲထားတယ်။
국기가 <u>방방곡곡에</u> 걸립니다.

(4) 명사(형용사) + တ + 동사: 명사(형용사) + 동사의 형태를 부사화한 것이다.

၁။ ဂရုတစိုက် 조심스럽게
ဓာတ်လှေကားကို ဂရုတစိုက် တက်ပါ။ <u>조심스럽게</u> 엘리베이터를 타세요.

*기타 의성어, 의태어

တကြော်ကြော်
우렁차게

တစိမ့်စိမ့်
물끄러미

တထောင်းထောင်း
무럭무럭

တဖိတ်ဖိတ်
반짝반짝

တဖြူးဖြူး
휘휘

တဖြောက်ဖြောက်
주룩주룩

တဖြောင်းဖြောင်း
짝짝

တလူလူ
뭉게뭉게

ဂရုစိုက်တယ်။
조심하다

စနစ်ကျတယ်။
질서정연하다, 체계적이다

စိတ်ဝင်စားတယ်။
관심 있다

နေရာကျတယ်။
(생활) 안정되다, 자리 잡다

၂။ **စနစ်တကျ** 체계적으로, 규칙적으로

မြန်မာဘာသာကို စနစ်တကျ သင်ယူတယ်။
미얀마어를 체계적으로 공부했습니다.

၃။ **စိတ်ဝင်တစား** 흥미진진하게

ကိုရီးယားကားကို စိတ်ဝင်တစား ကြည့်နေတယ်။
한국드라마를 흥미진진하게 시청 중입니다.

၄။ **နေရာတကျ** 제자리에

ကိုယ့်ထိုင်ခုံမှာ နေရာတကျ ထိုင်ပါ။ 각자의 제자리에 앉으십시오.

(5) **မ**가 포함되는 부사: 주로 부정의 의미를 나타낸다.

၁။ **စနစ်မကျတကျ** 체계 없이, 불규칙적으로

သူ စနစ်မကျတကျ ကားမောင်းတယ်။ 그는 엉망으로 운전했습니다.

၂။ **မကြားတကြား** 들릴락 말락 → မ + 동사1 + တ + 동사1: (동사)할지 안할지

သူပြောတာ မကြားတကြား ဖြစ်နေတယ်။ 그가 말하는 것이 들릴락 말락 합니다.

၃။ **မချမ်းမသာ** 부유하지 않게 → မ + 동사1 + မ + 동사2: 동사1 + 2 하지 않게

သူတို့ မချမ်းမသာ နေနေရတယ်။ 그들은 부유하지 않게 삽니다.

၄။ **မသာမယာ** 화창하지 않게

ဒီနေ့ ရာသီဥတု မသာမယာ ဖြစ်နေတယ်။ 오늘 날씨는 그다지 화창하지 않습니다.

၅။ **မရပ်မနား** 쉬지 않고, 끊임없이

သူ မရပ်မနား ကြိုးစားနေတယ်။ 그는 끊임없이 노력했습니다.

အသုံးပြု 🎧 12-2

ဟယ်လို။ အမိန့်ရှိပါ ရှင်။ 해-ㄹ로　　　　어메잉.시.바　　신	여보세요? 물어보세요.
ဆရာမပါလား။ ကျွန်တော် ထက်အောင်ပါ။ 서야마. 바-ㄹ라:　쩌노.　텟?아웅바	선생님이세요? 저 텟아웅입니다.
ဆရာမ ရှိလား မသိဘူး။ ကိုရီးယားက 서야마. 시.-ㄹ라: 머띠.부:　꼬리:야:가. ဆက်တာပါ။ 셋?따바	선생님 계신지 모르겠네요. 한국입니다.
ပြောနေပါတယ်။ ဘယ်က ဆက်သလဲ။ 뽀:네바대　　배가.　셋?떠-ㄹ래:	접니다. 어디십니까?
ရှိပါတယ်။ ခဏလေး ကိုင်ထားပါ။ 시.바대　커나.-ㄹ래:　까잉타:바	계십니다. 잠깐만 계세요 (쥐고 계세요).
ရှိပါတယ်။ ခဏ စောင့်ပါ။ 시.바대　커나.　싸웅.바	계십니다. 잠깐만 기다리세요.
အော်။ မောင်ထက်အောင်။ ပြော။ 오　마웅텟?아웅　뽀:	오, 텟아웅. 말해요.
ဆရာမ မရှိဘူး။ ပြောစရာ ရှိလား။ 서야마. 머시.부:　뽀:저야　시.-ㄹ라:	선생님 안 계십니다. 전할 말 있습니까?
အထွေအထူး ဘာမှ မရှိဘူး။ ဒီတိုင်း 어퉤어투:　바흐마.　머시.부:　디다잉 နှုတ်ဆက်တာပါ။ 흐눗?셋?따바	특별한 것은 없습니다. 안부 전화입니다.
ဘယ်ကို ဆက်တာလဲ။ ဖုန်းမှားနေတယ်လို့ 배고　셋?따-ㄹ래:　풍:흐마:네대-ㄹ로. ထင်တယ်။ 틴대	어디 전화하셨어요? 잘못 건 것 같습니다.
ဖုန်းနံပါတ် မှားတယ်။ 풍:남밧?　흐마:대	전화번호가 틀렸습니다.

လေ့ကျင့်ခန်း

① 다음 빈칸에 알맞은 단어를 넣어 문장을 완성하시오.

1 သူ အပြစ်မရှိကြောင်းကို ─────────── ထွက်ဆိုတယ်။

그는 결백을 명확하게 주장했습니다.

2 ကိုခင်ဇော်ဦးက ─────────── လာတယ်။

킨저우씨는 꽤 늦게 왔습니다.

3 အိမ်စာ ─────────── ပြီးမှ ကစားပါ။

숙제를 미리 하고 놀아라.

4 သူ ─────────── ဂုံ ─────────── တယ်။

그는 갑자기 울기 시작했습니다.

5 စာမေးပွဲကို ─────────── အောင် (또는 သွား) တယ်။

시험에 가까스로 통과했습니다.

2 다음 문장을 미얀마어로 작문하시오.

1 형은 자주 늦게 일어납니다.

----

2 체계적으로 생활하세요.

----

3 신발이 반짝반짝 빛납니다.

တောက်တယ်။
빛나다

4 집에서 조용히 있었습니다.

----

5 좀 빨리 따라오세요.

ရဲစခန်း   경찰서

6 빙판길에서는 조심스럽게 걸어야 합니다.

ရေခဲတွေ ဖုံးနေတဲ့
လမ်း   빙판길

7 무심코 말을 했습니다.

----

8 즉시 경찰서로 가세요.

구어체와 문어체의 대조

구어체와 문어체의 대조

1 격조사의 대조

	주격	목적격	처소격	도구, 수단, 원인
口	က၊ ဟာ	ကို	မှာ	နဲ့
文	သည်၊ မည်မှာ 주격 မှ 기점	ကို 목적 အား 여격 သို့ 방향	မှာ၊ တွင်၊ ၌	နှင့်၊ ဖြင့် 도구, 수단, 원인

၁။ ဆရာက စာအုပ်ကို တပည့်အား ပေးသည်။ 선생님은 책을 제자에게 주었습니다.

၂။ ဤ ရထားသည် ရန်ကုန်မှ ပဲခူးသို့ သွားသည်။ 이 기차는 양공에서 버고까지 갑니다.

၃။ ကျောင်း၌ ကျောင်းသားများ မရှိပါ။ 학교에는 학생들이 없습니다.

၄။ သူငယ်ချင်းနှင့် တွေ့သည်။ 친구들과 만났습니다.

၅။ ခဲတံဖြင့် စာရေးသည်။ 연필로 편지를 썼습니다.

2 종조사의 대조

	단순 종조사	미래(의지)	경험	부정형	명령형	금지명령형
口	တယ်	မယ်	ဖူး	မ---ဘူး	V/Vပါ။ Vလိုက်။	မ---နဲ့
文	သည်၊ ၏	မည် 목적 အံ့ 특정 표현	ဖူး	မ---		မ---နှင့်

၁။ ကျွန်တော်သည် ကျောင်းသား ဖြစ်သည်။ 저는 학생입니다.

၂။ နေပြည်တော်မြို့က ကြိုဆိုပါ၏။ 네삐도에 (오신 것을) 환영합니다.

၃။ မနက်ဖြန် ဆရာ့ကို တွေ့မည်။ 내일 선생님을 만날 것입니다.

၄။ ခေတ်မီဖွံ့ဖြိုးတိုးတက်သော နိုင်ငံ တစ်နိုင်ငံ တည်ဆောက်အံ့။
근대적 발전국가를 수립할 것입니다.

၅။ သူသည် ကျောင်း မတက်ပါ။ 그는 학교에 가지 않았습니다.

၆။ ဆေးလိပ် မသောက်နှင့်။ 담배를 피우지 마세요!

3 대명사(지시대명사)의 대조

	근칭지시사	근칭지시사	원칭지시사	의문사	의문사
口	ဒီ 이것 ဒါ 저것	အဲဒီ 언급한 이것 အဲဒါ 언급한 저것	ဟို 저것	ဘာ 무엇 ဘယ် 어떤	ဘယ်လောက် 수량
文	၍၊ သည်	ထို၊ ယင်း၊ ၎င်း [ləgaun:]	ထို	မည်သည် အဘယ်	မည်မျှ၊ အဘယ်မျှ

၁။ ၍ ပန်းသည် ထို ပန်းထက် လှသည်။ 이 꽃이 저 꽃보다 예쁩니다.

၂။ မြန်မာနိုင်ငံမြေပုံ ယူခဲ့သည်။ ၎င်းကို ဖြန့်ချ၍ မြစ်ကြီးနားမြို့ကို ရှာပါ။
미얀마 지도를 가져왔습니다. 그것을 펴고, 밋찌나를 찾으세요.

၃။ မည်သည့် ကိစ္စ ရှိသနည်း။ 무슨 일이 있습니까?

၄။ အဘယ် စာအုပ် ဝယ်ချင်သနည်း။ 어떤 책을 사고 싶습니까?

၅။ မည်သူ(အဘယ်သူ)က သင့်ကို ကြိုက်သနည်း။
누가 당신을 좋아합니까?

၆။ သည် ခဲတံ မည်မျှ(အဘယ်မျှ)နည်း။ 이 연필은 얼마입니까?

၇။ ထို ပန်းသီး မည်မျှ ချိုသနည်း။ 그 사과는 얼마나 달아요?

၈။ သင် အဘယ်သို့ ခရီးသွားမည်နည်း။ 당신은 어디로 여행할 것입니까?

၉။ ၍(ကဲ့)သို့ မလုပ်နှင့်။ 이렇게 하지 마세요!

4 의문종조사의 대조

	단순의문문	미래의문문	단순부정의문문	의문사의문문	의문사 부정의문문	감탄문
口	– လား	– မလား	မ ---ဘူးလား	သလဲ	မလဲ	– ပါကလား
文	– လော	– မည်လော (မလော)	မ ---သလော	သနည်း	မည်နည်း၊ အံ့နည်း	– ပါတကား

၁။ သူ ကျောင်းတက်**လော**။ 그는 등교했습니까?

၂။ သင် နောက်နှစ် မြန်မာနိုင်ငံသို့ သွား**မည်လော**။
당신은 내년에 미얀마를 갈 것입니까?

၃။ အဘယ်ကြောင့် ဆရာမ **မရှိသလော**။ 왜 선생님이 안계십니까?

၄။ သင် အဘယ် စာအုပ်ကို ဝယ်ချင်**သနည်း**။
당신은 어떤 책을 사고 싶습니까?

၅။ အဘယ်သို့ သွား**မည်နည်း**။ 어디로 갈 것입니까?

၆။ ဤကား အချစ်**ပါတကား**။ 이 자동차는 사랑스럽구나!

5 연체형(수식형)의 대조

	현재형(동사)	현재형(명사)	현재형		강조	미래형
口	– တဲ့	– ရဲ့	– ဆိုတဲ့	– ဆိုတာ	– ဘဲ(ပဲ) – တာဘဲ(ပဲ)	မယ့်
文	– သည့် – သော	– ၏	– ဟူသော – မည်သော	– ဟူသည် – မည်သည်	– တည်း [htɛ:] – သတည်း	မည့်

၁။ သွားရ**သည့်** ကိစ္စ ရှိသည်။ 갈 일이 있습니다.

၂။ စာသင်ပေးခြင်းသည် ဆရာ**၏** တာဝန် ဖြစ်သည်။ 가르치는 것이 선생님의 의무입니다.

၃။ ဆွေးဘဲဥ **ဟူသော** အစားအစာကို စားဖူးသည်။

섞은 오리알이라는 음식을 먹어본 적이 있습니다.

၄။ ကျွန်တော် တစ်ယောက်**တည်း** စာမေးပွဲ အောင်သည်။ 나만 시험에 합격했습니다.

၅။ ထမင်းစား**မည့်** ဧည့်သည်များ စောင့်နေကြသည်။ 식사할 손님들이 기다리고 있습니다.

	주격	보어	~라는 것	인용, 원인	목적, 이유
口	– တာ – မှာ	– တာ – မှာ(ကို)	– ဆိုတာ	– လို့	– ဖို့၊ အောင် – အတွက်
文	– သည် – မည်မှာ	– သည် – မည်ကို	– ဟူသည် – မည်သည်	– ဟု၊ – ဟူ၍ 인용 – ၍ 원인	– ရန် – သဖြင့်

၁။ ဆေးလိပ်သောက်**သဖြင့်** သူသည် ကျန်းမာရေး မကောင်းပါ။

흡연으로 그는 건강이 좋지 않습니다.

၂။ ခွေး**ဟူသည်** အိမ်မွေးတိရစ္ဆာန် တစ်မျိုး ဖြစ်သည်။

개는 집에서 기르는 동물 중 하나입니다.

၃။ ဆရာက "လိုက်ဆိုပါ"**ဟု** ပြောသည်။

선생님이 "따라 읽어요."라고 말했습니다.

၄။ ထို ဝက်သားဟင်းသည် စား**၍** အလွန်ကောင်းသည်။

이 돼지고기 요리는 매우 맛있습니다.

၅။ ထမင်းစား**ရန်** အသင့် ပြင်ဆင်ပြီးပြီ။

식사 준비가 다 되었습니다.

	순접	강조, 대비	역접	조건	동시동작	관용적 표현
口	– ပြီး	– တော့	– ပေမဲ့	– ရင်	– ရင်း	မ–ခင် VVချင်း
文	– ၍ – ကာ	– သော်	– သော်လည်း	– လျှင် [hlyin]	– လျက်	မ–မီ Vလျှင် Vချင်း

၁။ ထမင်းစား၍ လမ်းလျှောက်သွားနေသည်။ 식사를 한 뒤 산책 중입니다.

၂။ တံခါး ဖွင့်ကာ ဝင်လာသည်။ 문을 열고 들어왔습니다.

၃။ ရထားနှင့်သော် ရောက်ဖူးသည်။ 기차로는 가본 적이 있습니다.

၄။ ထမင်း များများ စားသော်လည်း ဗိုက်ဆာသေးသည်။
밥을 많이 먹었지만 배가 고픕니다.

၅။ ကျောင်းသို့ သွားလျှင် ဆရာ့ကို တွေ့နိုင်သည်။
학교에 가면 선생님을 뵐 수 있습니다.

၆။ ထမင်းစားလျက် စာဖတ်နေသည်။ 밥을 먹으면서 책을 읽고 있습니다.

၇။ မကြာမီ လေယာဉ်ပျံ ဆိုက်ရောက်မည်။ 곧 비행기가 도착할 것입니다.

၈။ ရေကူးကန် ရောက်လျှင်ရောက်ချင်း ရေကူးချင်သည်။ 수영장에 도착하자마자 수영을 하고 싶습니다.

8 접속사의 대조

	순접	결과	이유, 원인	역접	양자택일
口	ဒါကြောင့် ဒါကြောင့်	အဲဒါကြောင့် အဲဒါကြောင့်	ဘာကြောင့် ဘာကြောင့်	ဒါပေမယ့်(မဲ့)	–V မဟုတ်(ရင်)
文	ထိုကြောင့် ထို့ကြောင့်	ထိုကြောင့် ထို့ကြောင့်	အဘယ်ကြောင့် အဘယ်ကြောင့်	သို့သော်လည်း သို့ရာတွင်	–V သို့မဟုတ်(လျှင်)(ပါက)

၁။ ပြင်းထန်စွာ လေတိုက်နေသည်။ **ထို့ကြောင့်** တံခါးကို ပိတ်လော့။

바람이 심하게 붑니다. 그래서 문을 닫으세요.

၂။ **အဘယ်ကြောင့်** ငါ့ကို စိုက်ကြည့်နေသနည်း။

무슨 일로 나를 쳐다봅니까?

၃။ ထို စာအုပ်ကို နှစ်ခါ သုံးခါ ဖတ်သည်။ **သို့သော်လည်း** လုံးဝ သဘောမပေါက်ပါ။

그 책을 두 번, 세 번 읽었습니다. 그러나 전혀 이해되지 않습니다.

သင်ခန်းစာ 01

1

1 မင်္ဂလာပါ။

2 ပြန်တွေ့ပါမယ်။

3 ဘယ် သွားမလဲ။

4 စားပြီးပြီလား။

5 ကောင်းပြီ။

2

1 저는 수수입니다.

2 저는 책을 읽습니다(공부를 합니다).

3 새우볶음밥을 먹을 겁니다.

4 선생님이 도착했습니다.

5 국수를 좋아하지 않습니다.

သင်ခန်းစာ 02

1

1 ဘယ်လောက်

2 ဘယ်တော့, မလဲ။

3 တာ(ကို) နားလည်(သ)လား ။

4 မဟုတ်ဘူး လား။

5 ဘယ်တုန်းက, ဖူးလဲ။

6 ဘယ်မှာ

7 ဘယ်လို, (မ)လဲ။

2

1 ဒီနေ့ ဘာနေ့လဲ။

2 ကျွန်တော်(ကျွန်မ) ကျောင်းဆရာ(ဆရာမ)ပဲ။

3 လာမယ့် ကျောင်းပိတ်ရက်မှာ မြန်မာနိုင်ငံကို သွားမယ်။

4 ထမင်း စားပြီးပြီလား။

5 ဘယ်နှနာရီမှာ ထွက်မလဲ။

သင်ခန်းစာ 03

1

1 ပါရစေ။

2 မသွား(ပါ)နဲ့ ။

3 ရအောင် သို့မဟုတ် (ကြစို့) ။

4 မ, ပါရစေနဲ့ ။

5 လုပါလား သို့မဟုတ် လုပါကလား သို့မဟုတ် လုချည်လား။

2

1 국수를 먹으러 가자.

2 차로에서 멈추지(서지) 마세요.

3 주소만 적어두어라.

4 배를 타지마세요. 비행기로 갑시다.

5 위험이 있으면 가지 않기를...

သင်ခန်းစာ 04

1

1 ဒါ(က)

2 ဘယ်, ပြီလဲ ။

3 က

4 သူ့ကို

5 ဘာနေ့လဲ။

2

1 1년에 세 번 시험을 치러야 합니다.
2 비행기로도 가본적 있습니다(가봤습니다.)
3 당신은 무슨 요일에 태어났습니까?
4 저기 종이에 글을 쓰세요.
5 이것들을 원치 않습니다.

သင်ခန်းစာ 05

1

1 နှစ်လုံး, ငါးချောင်း
2 လို့
3 အစ်ကို, ညီလေး, နှစ်အုပ်
4 ဖို့
5 ပေမဲ့

2

1 သဘော်သီး တစ်လုံး
2 တက္ကစီခ သုံးထောင့်ငါးရာ
3 ဝါး ငါးပင်
4 ဆိုင်လ်က ဘူဆန်အထိ
5 ညီအကိုမောင်နှမ
6 ခု
7 ချောင်း
8 ထည်
9 တုံး
10 ရန်

သင်ခန်းစာ 06

1

1 မိုးရွာ, နှင်းကျ
2 ပြီးတော့ သို့မဟုတ် အဲဒီနောက် သို့မဟုတ် နောက်ပြီးတော့
3 နှစ်ဆယ့်ငါး သို့မဟုတ် အစိတ် လေးဆ
4 ဝိသာ, တစ်ဒသမခြောက်ငါး
5 ဘာပဲဖြစ်ဖြစ်

2

1 ဒီနေ့ ရာသီဥတုက သိပ် ပုံမှန် မဟုတ်ဘူး။
2 မြန်မာနိုင်ငံက ကိုရီးယားထက် ခြောက်ဆ ကျယ်တယ်။
3 မင်္ဂလာဒုံလေဆိပ်က မြို့လယ်အထိ ဆယ်မိုင် ဝေးတယ်။
4 အဲဒီ မင်းသမီးအကြောင်း ပို သိချင်တယ်။
5 ရန်ကုန် မသွားခင် လိုချင်တာ ရှိရင် ပြောပါ။

သင်ခန်းစာ 07

1

1 က, အထိ
2 အတိုင်း သို့မဟုတ် အရ
3 အမှု, မဆိုင်
4 တိုင်း
5 လူမျိုးတေ, တိုင်း, တိုင်း, တိုင်းမှာ, ဘယ်လို

2

1 ကျွန်တော် (အရသာ)ငန်တာကို ကြိုက်တယ်။
2 သကြားရယ်၊ ဆားရယ်၊ စားဆီကို ထည့်ရတယ်။
3 ဆား များများ ထည့်ရင် ဟင်းက ငန်မယ်။

193

4 ခေါက်ဆွဲအစား ထမင်း စားရင် ကျန်းမာရေးအတွက် ကောင်းတယ်။

5 ကျွန်တော့်အနေနဲ့ အကောင်းဆုံး လုပ်ပြီးပြီ။

သင်ခန်းစာ 08

1

1 ရေခဲမုန့်

2 သားသမီး, နှ

3 ဒဏ်ငွေ ငါးထောင်

4 ခြင်ထောင်, ခြင်ဆေး

5 ကောင်းမှု, လုပ်တာ

6 ချ, ဆက်

7 မှာ

8 ကြောက်ရွံ့ခြင်း

2

1 တောင်ဘက်ရဲ့ ဆန့်ကျင်ဘက်က မြောက်ဘက်ပါ။

2 ဒီ ရုပ်ရှင်က စိတ်ဝင်စားစရာ ကောင်းတယ်။

3 ခင်ဗျားက ဘယ်သန် ဖြစ်ပြီး ကျွန်တော်က ညာသန်ပါ။

4 မြန်မာ့အစိုးရအဖွဲ့မှာ ပြည်ထဲရေးဝန်ကြီးဌာနနဲ့ နိုင်ငံခြားရေးဝန်ကြီးဌာန ရှိတယ်။

5 ကျွန်တော် ပြောတာကို မှတ်ထားလား။

သင်ခန်းစာ 09

1

1 လဲ

2 စိတ်ကူး

3 နှုတ်သွက်

4 တူ

5 နားစွင့်

2

1 စန္ဒရားဆိုတာ မှုတ်ရတဲ့ဟာ မဟုတ်ဘဲ တီးရတဲ့ဟာပါ။

2 ဒီ ဘဏ်ရဲ့ အတိုးနှုန်းက နည်းတယ်။

3 သူက ပထမတော့ ခေါင်းညိတ်ပေမဲ့ နောက် ခေါင်းခါလိုက်တယ်။

4 သူက အမြဲ စိတ်တိုတတ်လို့ အလုပ်တွေ ပျက်သွားတယ်။

5 စိတ်မပူနဲ့။

သင်ခန်းစာ 10

1

1 ကြည့်

2 အားကျ

3 ခေတ်မီ

4 တတ်

5 တတ် 또는 လေ့ရှိ

6 သီချင်းဆို

2

1 ဘယ်နားက နာ(သ)လဲ။

2 ဝမ်းပျက်လို့ ဆေးသောက်ရတယ်။

3 သူ့ တင်ပြချက်ကို လက်မခံနိုင်ဘူး။

4 ကျွန်တော် လေဆိပ်ကို လာကြိုမယ်။

5 ကျွန်တော် မနက်ဖြန် ချိန်းထားတာ မရှိဘူး။

သင်ခန်းစာ 11

1

1 တိုက်

2 အ, ခံရ

3 လျှော့

4 အဖမ်းခံရ

5 အ, ဆုံး

2

1 ဒီ ပစ္စည်းတွေကို သယ်ဖို့, သူ့ကို ခိုင်းတယ်။

2 ကျွန်တော် ဆေးလိပ် ဖြတ်လိုက်ပြီ။

3 ခြေထောက် ကျိုးတဲ့ ငှက် တစ်ကောင်ကို
ဆေးကုပေးတယ်။

4 စက္ကူကို မဆုတ်ပါနဲ့။

5 ဒီ စာအုပ်ဆိုင်မှာ ဒီ စာအုပ်က အထူးဆုံးပဲ။

သင်ခန်းစာ 12

1

1 အတိအကျ သို့မဟုတ် တိတိကျကျ သို့မဟုတ်
သေသေချာချာ

2 ခပ်နောက်ကျကျ

3 ကြိုလုပ်

4 ရုတ်တရက် သို့မဟုတ် ပြုန်းခန်

5 အနိုင်နိုင်

2

1 အစ်ကိုက ခဏခဏ အိပ်ရာထ
နောက်ကျတတ်တယ်။

2 စနစ်တကျ နေပါ။

3 ဖိနပ်က တဖိတ်တဖိတ် တောက်နေတယ်။

4 အိမ်မှာ အေးအေးဆေးဆေး နေ(ခဲ့)တယ်။

5 ခပ် မြန်မြန် လိုက်လာခဲ့ပါ။

6 ရေခဲတွေ ဖုံးနေတဲ့ လမ်းမှာ ဂရုတစိုက်
လမ်းလျှောက်ရမယ်။

7 လွတ်ခန့ ပြောချ(ထည့်)လိုက်တယ်။

8 ချက်ချင်း ရဲစခန်းကို သွားပါ။

출판사, 저자, 강사, 독자가 공존하기 위한 문예림 정책

평등한 기회와 공정한 정책으로

올바른 출판문화를 이끌도록 하겠습니다.

저 자

1. 도서는 판매부수에 따라 인세 정산하지 않습니다.

우리는 도서 판매여부 관계없이 초판, 증쇄 발행 후 30일 이내 일괄 지급합니다. 보다 좋은 콘텐츠 연구에 집중해 주십시오. 판매보고는 반기별로 중쇄 계획은 인쇄 60일전 안내합니다.

2. 도서 계약은 매절로 진행하지 않습니다.

매절계약은 불합리한 계약방식입니다. 이로 인하여 저자들의 집필 의욕이 저해하며 생존력 짧은 도서로 전락하고 맙니다.

3. 판매량을 기준으로 절판하지 않습니다.

판매량에 따라 지속 판매여부를 결정하지 않으며 전문성, 영속성, 희소성이 기준으로 합니다.

강 사

1. 동영상강의 콘텐츠 계약은 매절로 진행하지 않습니다.

우리는 강사님의 소중한 강의를 일괄 취득하는 행위는 않으며, 반기별 판매보고 후 정산합니다.

2. 유료 동영상강의 인세는 콘텐츠 순 매출액의 20%를 지급합니다.(자사 사이트 기준)

우리는 가르침의 의미를 소중히 알며, 강사와 공존을 위하여 업계 최고 조건으로 진행합니다.

3. 판매량에 따라 동영상 강의 서비스를 중단하지 않습니다.

판매량이 따라 결정하지 않으며 지속가능한 의미가 있다면 유지합니다. 전문성, 영속성, 희소성을 기준으로 합니다.

독자 및 학습자

1. 도서는 제작부수에 따라 정가를 정합니다.

적절한 정가는 저자가 지속적인 연구할 수 있는 기반이 되며, 그 혜택은 독자와 학습자에게 전문성 있는 다양한 콘텐츠로 보답할 것입니다.

2. 도서 관련 음원(MP3)은 회원가입 없이 무료제공 됩니다.

원어민 음원은 어학학습의 꼭 필요한 부분으로 아무런 제약 없이 자유롭게 제공합니다. 회원가입 하시면 보다 많은 서비스와 정보를 얻을 수 있습니다.

3. 모든 콘텐츠는 책을 기반으로 합니다.

우리의 모든 콘텐츠는 책으로 시작합니다. 필요한 언어를 보다 다양한 콘텐츠로 제공하도록 하겠습니다.